Nr. 234 Guttentagsche Sammlung Deutscher Reichsgesetze Nr. 234
Kommentare und erläuterte Textausgaben

Gesetz über die Verschollenheit, die Todeserklärung und die Feststellung der Todeszeit

vom 4. 7. 1939 (RGBl. I S. 1186)

Erläutert
von
E. KUMMEROW
Rechtsanwalt und Notar

Berlin
WALTER DE GRUYTER & CO.
vormals G. J. Göschen'sche Verlagshandlung / J. Guttentag, Verlagshandlung
Georg Reimer / Karl J. Trübner / Veit & Comp.
1949

Archiv-Nr. 211 234
Druck: Otto Walter, Berlin SW 29, Urbanstraße 71
Aufl. 3300. 1. 49

Gen.-Nr. 11 403

Inhaltsverzeichnis

Abschnitt I

Voraussetzungen der Todeserklärung. Lebens- und Todesvermutungen

§ 1

(1) Verschollen ist, wessen Aufenthalt während längerer Zeit unbekannt ist, ohne daß Nachrichten darüber vorliegen, ob er in dieser Zeit noch gelebt hat oder gestorben ist, sofern nach den Umständen hierdurch ernstliche Zweifel an seinem Fortleben begründet werden[1]).

(2) Verschollen ist nicht, wessen Tod nach den Umständen nicht zweifelhaft ist[2]).

Aus der amtlichen Begründung des Gesetzes:

Der im deutschen Recht seit langem gebräuchliche Begriff der Verschollenheit ist in früherer Zeit verschieden umschrieben worden. In neuerer Zeit hat sich aber die der Etymologie des Wortes (von dem mittelhochdeutschen, intransitiven „schellen", „schallen"; vgl. Staudinger, Anm. 1 zu § 13) und dem Sprachgebrauch entsprechende Begriffsbestimmung durchgesetzt. Danach ist unter Verschollenheit die ernstliche Ungewißheit über Leben und Tod eines Menschen zu verstehen, über den keine Nachrichten vorliegen.

Wegen der jetzt bestehenden Klärung des Verschollenheitsbegriffes hat das Bürgerliche Gesetzbuch von seiner maßgeblichen Umschreibung (Legaldefinition) absehen können, ohne daß sich daraus Schwierigkeiten bei der praktischen Anwendung der Vorschriften ergeben haben. Wenn in dem gegenwärtigen Gesetz gleichwohl eine solche maßgebliche Begriffsbestimmung der Verschollenheit vorgesehen ist (§ 1), so soll darin keine Änderung der bisherigen Begriffsbestimmung liegen; es ist vielmehr geschehen zur klaren Abgrenzung der Fälle von Verschollenheit gegenüber den Fällen, in denen an dem Tode eines Menschen den Umständen nach keine vernünftigen Zweifel bestehen können, obwohl keine Eintragung im Sterbebuch erfolgt ist. Hierher gehören namentlich die Fälle, daß jemand, der verschollen war, ein so hohes Lebensalter erreicht hätte, daß die Annahme seines Fortlebens jeglicher menschlicher

Erfahrung widersprechen würde, ferner die Fälle, daß jemand nachweislich in eine Lebensgefahr gekommen ist, der er keinesfalls entronnen sein kann, und schließlich die Fälle, daß im Verlaufe eines Todeserklärungsverfahrens der Richter die Überzeugung erlangt, der Verschollene sei tatsächlich gestorben.

---

1) Verschollenheit eines Menschen ist kein Ereignis, sondern ein Zustand, dessen Beginn schwer zu bestimmen, dessen Dauer unbegrenzt ist und der entweder formell durch die Todeserklärung des Menschen oder tatsächlich durch sein Wiederauftauchen oder durch Bekanntwerden seines Todes beendigt wird.

§ 1 Abs. 1 will den Beginn des Zustandes der Verschollenheit auf historischem Wege festlegen. Voraussetzungen der Verschollenheit sind:

a) Unbekanntsein des Aufenthalts eines Menschen während längerer Zeit.

Unbekannt ist der Aufenthalt eines Menschen, wenn der Kreis von Mitmenschen, mit denen der betreffende Mensch regelmäßig in Berührung kommt, insbesondere Familienangehörige und die zur Kontrolle des Aufenthalts berufenen Behörden und Einrichtungen, wie die Polizei und bei Soldaten das Truppenkommando, nicht wissen, wo sich der betreffende Mensch befindet, selbst wenn sie wissen, weshalb und mit welchem Ziel er seinen bekannten Aufenthalt aufgegeben hat.

Daß der Aufenthalt längere Zeit unbekannt sein muß, ist im Hinblick auf die weiteren Voraussetzungen der Verschollenheit selbstverständlich, ganz abgesehen davon, daß der Begriff der längeren Zeit bei der Verschiedenartigkeit der einzelnen Fälle sehr verschieden ausgelegt werden kann. Die Verschollenheitsfristen der §§ 3—7 haben mit dem Beginn des Zustandes der Verschollenheit nichts zu tun. Sie sind aber ein Gegengewicht gegenüber einem zu früh angesetzten Beginn der Verschollenheit.

b) Fehlen von Nachrichten darüber, ob ein Mensch während der Zeit des Unbekanntseins seines Aufenthalts noch gelebt hat oder gestorben ist.

Jede Lebensnachricht schiebt also den Beginn der Verschollenheit hinaus; die zuverlässige Todesnachricht schließt den Beginn der Verschollenheit aus. Die Nachricht braucht nicht von dem Vermißten selbst herzurühren, sondern kann auch von dritter Seite stammen, sofern sie den Umständen nach Anspruch auf Zuverlässigkeit hat. Daß die Nachrichtenlosigkeit keine absolute zu sein braucht, ist selbstverständlich. Es genügt, wenn Nachrichtenlosigkeit gegenüber dem oben zu a) erwähnten Kreis von Menschen und Einrichtungen vorliegt.

c) Beide Voraussetzungen, Unbekanntsein des Aufenthalts und Fehlen von Nachrichten, müssen bei dem objektiven Beurteiler den Eindruck hervorrufen, daß nach den Umständen ernste Zweifel am Fortleben des Menschen bestehen. Das wird regelmäßig schon dann der Fall sein, wenn sonst kein ersichtlicher Grund für das Ausbleiben von Nachrichten besteht. Ernste Zweifel am Fortleben bestehen z. B. nicht ohne weiteres bei vermißten Militärpersonen des letzten Krieges, bei denen die Möglichkeit besteht, daß sie Kriegsgefangene der Sowjetarmee geworden sind, da sich herausgestellt hat, daß zahlreiche Vermißte nach der Entlassung aus der Kriegsgefangenschaft zurückgekehrt sind, von denen jegliche Nachricht fehlte.

2) Verdichten sich die „ernstlichen Zweifel" am Fortleben eines Menschen bis zur Gewißheit seines Todes, so ist auch für den Begriff der Verschollenheit und damit für das Aufgebotsverfahren zum Zwecke der Todeserklärung kein Raum mehr. Die Antragsberechtigten können in diesem Falle nötigenfalls nur gemäß § 39 d. Ges. den Tod und den Zeitpunkt des Todes feststellen lassen.

§ 2

Ein Verschollener kann unter den Voraussetzungen der §§ 3 bis 7 im Aufgebotsverfahren für tot erklärt werden[1]).

---

[1]) Sonstige Rechtsfolgen der Verschollenheit: Bestellung eines Abwesenheitspflegers für die Vermögensangelegenheiten des Verschollenen gemäß § 1911 BGB., und zwar auch dann, wenn keine Lebensvermutung gemäß § 10 mehr besteht. Der Abwesenheitspfleger gehört zu den Antragsberechtigten des § 16. — Der verschollene Grundstückseigentümer kann gemäß § 927 Abs. 1 BGB. mit seinem Rechte ausgeschlossen werden. — Verschollenheit des Mündels zieht Beendigung der Vormundschaft nicht ohne weiteres nach sich (§ 1884 Abs. 1 BGB.), wohl aber Todeserklärung des Mündels (§ 1884 Abs. 2 BGB.).

§ 3[1])

(1) Die Todeserklärung ist zulässig, wenn seit dem Ende des Jahres, in dem der Verschollene nach den vorhandenen Nachrichten noch gelebt hat, zehn Jahre oder, wenn der Verschollene zur Zeit der Todeserklärung das achtzigste Lebensjahr vollendet hätte, fünf Jahre verstrichen sind[2]).

(2) Vor dem Ende des Jahres, in dem der Verschollene das fünfundzwanzigste Lebensjahr vollendet hätte, darf er nach Abs. 1 nicht für tot erklärt werden[3]).

Aus der amtlichen Begründung des Gesetzes:

Der Abs. 1 ändert den bisherigen Rechtszustand lediglich insoweit, als er an die Stelle des siebzigsten Lebensjahres das achtzigste setzt; diese Änderung erschien geboten, weil in den letzten Jahrzehnten die durchschnittliche Lebenserwartung der Menschen sich wesentlich verlängert hat. Im übrigen faßt er nur den Abs. 1 Satz 1 des § 14 BGB. mit den Abs. 2 und 3 daselbst zusammen und stellt klar, daß es für die Berechnung der zehn- oder fünfjährigen Frist nicht auf den Zeitpunkt ankommt, in dem die Nachrichten eingegangen sind, sondern auf den Zeitpunkt, auf den sich diese Nachrichten beziehen.

Der Abs. 2 entspricht dem Absatz 1 S. 2 des § 14 BGB. Diese Bestimmungen gehen von der Erwägung aus, daß ein im jugendlichen Alter Verschollener unter den allgemeinen Voraussetzungen des § 3 Abs. 1 nicht für tot erklärt werden darf, bevor von ihm, sofern er noch lebt, erwartet werden kann, daß er Verständnis für die Bedeutung seiner Verschollenheit erlangt und daß er versuchen wird, seine früheren Beziehungen wieder aufzunehmen. Das Bürgerliche Gesetzbuch läßt aus diesem Grunde die zehnjährige Verschollenheitsfrist überhaupt erst mit dem Zeitpunkt beginnen, in dem der Verschollene normalerweise volljährig geworden wäre. Diese Regelung erscheint zu doktrinär. Die Todeserklärung muß nur so weit hinausgeschoben werden, daß unter gewöhnlichen Umständen erwartet werden kann, daß der Jugendliche die zur Erkenntnis seiner Lage erforderliche geistige und sittliche Reife erlangt hat; darüber hinaus muß ein gewisser Spielraum verbleiben, während dessen er die gebotenen Nachforschungen nach seiner Heimat und Herkunft anstellen kann, der aber unbedenklich kürzer als die zehnjährige Verschollenheitsfrist bemessen werden kann. Nach diesen Erwägungen scheint das fünfundzwanzigste Lebensjahr als Schutzgrenze für verschollene Jugendliche in allen Fällen ausreichend.

---

[1]) Regelfall der „allgemeinen" Verschollenheit mit der längsten Verschollenheitsfrist. Hauptanwendungsfälle: Auswanderung, Nichtrückkehr von einer Reise, Verschwinden in der Großstadt.

[2]) Berechnungsbeispiele:

a) Der Verschollene ist am 5. 5. 1900 geboren. Letzte Nachricht besagt, daß er im Sommer 1930 noch am Leben war. Beginn der Verschollenheitsfrist 1. 1. 1931. Todeserklärung frühestens am 1. 1. 1941 zulässig. Zeitpunkt des Todes gemäß § 9 Abs. 3 a u 4, falls nicht nach § 9 Abs. 2 feststellbar: 31. 12. 1935, 24 Uhr.

b) Der Verschollene ist am 1. 4. 1866 geboren. Letzte Nachricht besagt, daß er im Dezember 1940 noch am Leben war. Beginn der Verschollenheitsfrist 1. 1. 1941. Todeserklärung schon am 1. 4. 1946 möglich. Zeitpunkt des Todes gemäß § 9 Abs. 3 a u. 4· 31. 12. 1943, 24 Uhr.

c) Der Verschollene ist am 10. 10. 1915 geboren. Letzte Nachricht besagt, daß er im Sommer 1920 noch am Leben gewesen ist. Beginn der Verschollenheitsfrist 1. 1. 1921. Todeserklärung frühestens am 1. 1 1941. Zeitpunkt des Todes gemäß § 9 Abs. 3a u. 4: 31. 12. 1925, 24 Uhr.

§ 4

(1) Wer als Angehöriger einer bewaffneten Macht an einem Kriege, einem kriegsähnlichen Unternehmen oder einem besonderen Einsatz teilgenommen hat, während dieser Zeit im Gefahrgebiet vermißt worden und seitdem verschollen ist, kann für tot erklärt werden, wenn seit dem Ende des Jahres, in dem der Friede geschlossen, der besondere Einsatz für beendigt erklärt oder der Krieg oder das kriegsähnliche Unternehmen ohne Friedensschluß tatsächlich beendigt ist, ein Jahr verstrichen ist.

(2) Ist der Verschollene unter Umständen vermißt, die eine hohe Wahrscheinlichkeit seines Todes begründen, so wird die im Abs. 1 bestimmte Jahresfrist von dem Zeitpunkt ab berechnet, in dem er vermißt worden ist[1]).

(3) Den Angehörigen einer bewaffneten Macht steht gleich, wer sich bei ihr aufgehalten hat[2]).

(4) Wann der Fall eines besonderen Einsatzes vorliegt und wann er beendigt ist, bestimmt der Reichsminister der Justiz im Einvernehmen mit dem Chef des Oberkommandos der Wehrmacht.

Britische Zone.

VO. des Präs. des ZJA. zur Ergänzung des Ges. über die Verschollenheit, die Todeserklärung und die Feststellung der Todeszeit v. 16. 12. 1946 (in Kraft seit diesem Tage): Mit Zustimmung der Militärregierung wird verordnet:

Das Gesetz über die Verschollenheit usw. v. 4. 7. 1939 (RGBl. I S. 1186) wird wie folgt geändert:

Art. 1.

§ 4 des Gesetzes erhält folgenden Abs. 3:

(3) Der Beginn der Frist aus § 4 Abs. 1 wird durch Verordnung des Zentraljustizamtes bestimmt.

Art. 2 ff. vgl. die Anm. zu §§ 7, 12, 15, 18, 19, 24.

Amerikanische Zone.

Bayer. Gesetz zur Ergänzung des Verschollenheitsgesetzes vom 28. Oktober 1947 (Bayer. GVBl. S. 202):

§ 1

Die Frist des § 4 Abs. 1 des Gesetzes über die Verschollenheit, die Todeserklärung und die Feststellung der Todeszeit vom 4. Juli 1939 (RGBl. I S. 1186) gilt noch nicht als abgelaufen. Den Zeitpunkt, zu dem sie abgelaufen sein wird, bestimmt der Justizminister.

Entsprechende Gesetze sind in Bremen (Ges. v. 6. 12. 47 — GBl. S. 288 —), in Hessen (Ges. v. 30. 10. 47 — GVBl. S. 95 —) und in Württemberg-Baden (Ges. v. 29. 10. 47 — RegBl. S. 170 —) ergangen.

Französische Zone.

Badische Landesverordnung zur Ergänzung des Gesetzes über die Verschollenheit usw. vom 4. 7. 1939 (RGBl. I S. 1186) vom 7. 3. 47 (ABl. S. 43):

§ 1. Todeserklärungen gemäß § 4 Abs. 1 des Verschollenheitsgesetzes können erst von einem durch die Landesjustizverwaltung zu bestimmenden Zeitpunkt ab erfolgen.

Ebenso § 1 der Landesverordnung des Landes Rheinland-Pfalz vom 8. 4. 47 (VBl. S. 138).

Rechtsanordnung zur Ergänzung des Verschollenheitsgesetzes in Württemberg-Hohenzollern v. 14. 2. 47 (RegBl. S. 23):

§ 1. Todeserklärungen nach § 4 Abs. 1 des Ges. über die Verschollenheit ... vom 4. 7. 1939 ... sind, soweit es sich um Teilnehmer des letzten Krieges handelt, erst von einem durch die Landesdirektion der Justiz zu bestimmenden Zeitpunkt ab zulässig.

Sowjetische Zone.

Bescheid der Deutschen Justizverwaltung der sowjet. Besatzungszone vom 27. 1. 47 — V 4/47 —

„Nach der hier vertretenen und bei den Gerichten der sowjetischen Besatzungszone allgemein anerkannten Auffassung hat die im Verschollenheitsgesetz vom 4. Juli 1939 (RGBl. I S. 1186) § 4 Abs. 1 für den Regelfall der Kriegsverschollenheit bestimmte Verschollenheitsfrist . . . noch nicht zu laufen begonnen. Das Gesetz bestimmt als Beginn der einjährigen Lauffrist das Ende des Jahres, in dem der Friede geschlossen, der besondere Einsatz für beendet erklärt oder der Krieg oder das kriegsähnliche Unternehmen ohne Friedensschluß tatsächlich beendet ist. Hierbei stehen Friedensschluß und tatsächliches Ende der Kampfhandlungen nicht etwa wahlweise nebeneinander. Auf den Zeitpunkt der tatsächlichen Beendigung darf vielmehr nur zurückgegriffen werden, wenn kein Friedensschluß erfolgt. Zwar versteht das Gesetz unter ‚Friedensschluß' nicht nur einen ausdrücklich als solchen bezeichneten Friedensvertrag, sondern jede förmliche Vereinbarung der kämpfenden Parteien, durch welche die Kampfhandlungen endgültig für beendigt erklärt werden. Die deutsche Kapitulation vom 8. Mai 1945 enthält jedoch keine solche ‚Vereinbarung' im Rechtssinn. Sie bedeutet lediglich einen einseitigen Unterwerfungsakt Deutschlands gegenüber den Alliierten Nationen. Bis zum Abschluß des Friedensvertrages befinden sich daher die Alliierten Nationen, rechtlich gesehen, mit Deutschland noch im Kriegszustand. Wie die politische Entwicklung erkennen läßt, steht aber der Abschluß eines Friedensvertrages zwischen den Alliierten Nationen und Deutschland in absehbarer Zeit bevor. Infolgedessen ist für ein Zurückgreifen auf den Zeitpunkt des tatsächlichen Endes der Kampfhandlungen kein Raum. Erst das Ende des Jahres, in dem die Ratifizierung des Friedensvertrages durch Deutschland erfolgt, setzt die regelmäßige Frist des Gesetzes für die Kriegsverschollenheit in Lauf. Nur ein neues Gesetz könnte den Beginn der Frist anderweitig bestimmen. Dies erscheint nach Auffassung der Deutschen Justizverwaltung zur Zeit nicht angezeigt, weil die Lage zahlreicher Kriegsgefangener, Flüchtlinge und Verschleppter, mit denen noch keine normale Nachrichtenverbindung besteht, besondere Zurückhaltung gegenüber der Frage erheischt, ob ihre Todeserklärung zu erleichtern ist."

Für den Bereich von **Groß-Berlin** ist keine Anordnung getroffen. Jedoch vertreten das Landgericht und das Kammergericht ebenfalls die Auffassung, daß der Lauf der Jahresfrist des § 4 Abs. 1 noch nicht begonnen hat. (Vgl. Beschl. des KG. v. 1. 4. 1948 — Jur. Rundschau S. 193 —.)

Aus der amtlichen Begründung des Gesetzes:

§ 4 des Gesetzes konnte sich weitgehend an die Regelung des Bürgerlichen Gesetzbuches anschließen. Insbesondere hat er für den Regelfall (Abs. 1) an der bisherigen Art der Berechnung der Verschollenheitsfrist festgehalten, wonach diese Frist erst mit dem rechtlichen oder tatsächlichen Ende des Krieges beginnt. Denn die Besonderheit der Kriegsverschollenheit besteht nicht nur darin, daß die Kriegsteilnehmer ständig einer besonderen Lebensgefahr ausgesetzt sind, sondern auch darin, daß während der Dauer des Krieges — namentlich bei Kämpfen einer fremden bewaffneten Macht, die nicht über ein zuverlässiges Kontroll- und Nachrichtenwesen verfügt, und bei Kämpfen in wenig erforschten oder besiedelten Gebieten (Kolonialkriege) — die Nachforschungen nach dem Verschollenen erschwert und das Nachrichtenwesen gestört ist. Diese Art der Fristberechnung kann allerdings bei länger dauernden Kriegen zu einer nicht unwesentlichen Erstreckung der Verschollenheitsfrist führen. Der darin u. U. für die Zurückgebliebenen liegende Nachteil muß im Interesse des verschollenen Kriegsteilnehmers regelmäßig hingenommen werden. Es kommt jedoch gelegentlich vor, daß ein Kriegsteilnehmer unter Umständen vermißt wird, unter denen, wenn sein Tod auch nicht außerhalb des Bereichs jeglichen vernünftigen Zweifels steht, doch sein Tod besonders wahrscheinlich ist. Man kann hier beispielsweise an die Fälle denken, daß er mit einem brennenden Flugzeug dicht hinter der feindlichen Front abstürzt oder in einem Unterstand verschüttet wird und anschließend in Verschollenheit gerät. In solchen Fällen besonders hoher Wahrscheinlichkeit des Todes kann das Interesse der Zurückgebliebenen und der Allgemeinheit an einer baldigen Klärung der Rechtslage stärker in den Vordergrund treten als im Regelfall. Das Gesetz tut dies, indem es durch den Abs. 2 für solche Sonderfälle den Fristbeginn auf den Zeitpunkt vorverlegt, in dem der Verschollene zuerst vermißt worden ist.

Die besonderen Vorschriften über die Kriegsverschollenheit können nur auf solche Personen angewandt werden, die einem besonderen Kontrollwesen unterstehen, bei denen also die Voraussetzung des Vermißtseins einwandfrei festgestellt werden kann. Die Abgrenzung dieses Personenkreises in § 15 Abs. 2 des Bürgerlichen Gesetzbuches ist aber mißverständlich. Um Schwierigkeiten bei der Rechtsanwendung zu vermeiden, bestimmt daher § 4 Abs. 3 den Kreis der den Angehörigen der bewaffneten Macht gleichgestellten Personen übereinstimmend mit dem Begriff des Heeresgefolges. Es wird Aufgabe der Rechtsprechung sein, eine Abgrenzung dieses Begriffes zu finden, die dem vorerwähnten Grundgedanken Rechnung trägt.

Mit Rücksicht darauf, daß den Besonderheiten jedes Einzelfalles durch die Bemessung der Aufgebotsfrist gebührend Rechnung getragen werden kann, war eine Verkürzung der dreijährigen Frist des § 15 BGB. auf eine einjährige Frist vertretbar.

[1]) Ist die Voraussetzung des Abs. 2 (Vermißtwerden unter Umständen, die eine hohe Wahrscheinlichkeit des Todes des Vermißten begründen) gegeben, so brauchen Beginn und Ablauf der Frist des Abs. 1 nicht abgewartet zu werden.

Hierzu die Allgem. Verfg. des Justizmin. von Nordrhein-Westfalen vom 29. 7. 1947 — JMBl. NW S. 47:

Für die Angehörigen des Verschollenen bedeutet es vielfach eine Härte, wenn die Todeserklärung unter Berufung auf den § 4 Abs. 1 VerschG. abgelehnt wird. Die Gerichte werden deshalb mit besonderer Sorgfalt die näheren Umstände aufklären müssen, unter denen der Verschollene vermißt wurde. Unter Umständen wird dann die Todeserklärung auf Grund des § 4 Abs. 2 schon jetzt erfolgen können. Häufig wird sich aus Form und Inhalt der amtlichen Vermißtenmeldung ergeben, daß die Angehörigen in schonender Weise auf den Tod des Vermißten vorbereitet werden sollen. Auch die allgemeine militärische Lage in der fraglichen Zeit und im fraglichen Einsatzraum wird berücksichtigt werden können. Von Bedeutung kann ferner sein, ob der Vermißte verwundet, krank oder durch vorangegangene Strapazen erschöpft die Verbindung zu seinem Truppenteil verloren hat. Diesen Gesichtspunkten wird Rechnung zu tragen sein.

Ähnlich spricht sich eine Verfügung der Justizverwaltung für Schleswig-Holstein v. 23. 8. 1947 aus.

Vgl. auch OLG. Hamm v. 19. 1. 1948, Deutsche Rechts-Zeitschrift 1948, S. 253: § 4 Abs. 2 hat gerade solche Fälle im Auge, wo ein Soldat nicht nur in Gefangenschaft geraten sein kann, sondern wo er im Augenblick der Zerschneidung seiner Verbindung mit der Truppe sich in besonderer Lebensgefahr befand, wo also ohnehin Zweifel an seinem Fortleben bestehen.

Aus der Praxis der Berliner Gerichte:

Eine Todeserklärung gemäß § 4 Abs. 2 könnte bereits jetzt erfolgen, wenn glaubhaft gemacht würde, daß der Verschollene unter Umständen vermißt wurde, die eine hohe Wahrscheinlichkeit seines Todes begründen, z. B. schwere Verwundung bei der Gefangennahme. Die bloße Tatsache, daß der Verschollene nichts mehr von sich hat hören lassen, kann eine hohe Wahrscheinlichkeit des Todes nicht begründen. Sehr viele Gefangene sind trotz jahrelangen Schweigens wieder lebend in die Heimat zurückgekehrt.

Abzulehnen ist m. E. die Auffassung, daß Fahnenflüchtige, die verschollen sind, nicht nach § 4 für tot erklärt werden können, wenn die sonstigen Voraussetzungen gegeben sind, denn es kommt nach § 4 nicht darauf an, ob der Betreffende die Verbindung mit seinem Truppenteil freiwillig oder unfreiwillig aufgegeben hat und nunmehr vermißt wird.

[2]) Das sogen. Heeresgefolge: Personen, die ohne einem Truppenverbande anzugehören, sich bei der Truppe mit Wissen des Kommandos aufhalten, wie z. B. Kriegsberichterstatter, Gespannführer aus der Zivilbevölkerung, Händler u. a.

Ein Zivilist, der von einer fremden Macht zu Arbeiten für ihre Truppen herangezogen worden ist, eine schwere Verletzung erleidet und seitdem verschollen ist, kann nicht nach § 4 Abs. 2 u. 3 für tot erklärt werden, da Abs. 3 nur Zivilisten im Auge hat, die sich freiwillig bei der deutschen oder einer anderen Wehrmacht befanden und unter deren Schutz standen (abweichend LG Berlin v. 3. 5. 48 — 24 T 513. 48 —).

§ 5

(1) Wer bei einer Fahrt auf See, insbesondere infolge Untergangs des Schiffes, verschollen ist, kann für tot erklärt werden, wenn

seit dem Untergang des Schiffes oder dem sonstigen die Verschollenheit begründenden Ereignis sechs Monate verstrichen sind.

(2) Ist der Untergang des Schiffes, der die Verschollenheit begründet haben soll, nicht feststellbar, so beginnt die Frist von sechs Monaten (Abs.1) erst ein Jahr nach dem letzten Zeitpunkt, zu dem das Schiff nach den vorhandenen Nachrichten noch nicht untergegangen war; das Gericht kann diesen Zeitraum von einem Jahr bis auf drei Monate verkürzen, wenn nach anerkannter seemännischer Erfahrung wegen der Beschaffenheit und Ausrüstung des Schiffes, im Hinblick auf die Gewässer, durch welche die Fahrt führen sollte, oder aus sonstigen Gründen anzunehmen ist, daß das Schiff schon früher untergegangen ist.

Aus der amtlichen Begründung des Gesetzes:

In Friedenszeiten sind die Gefahren des Meeres neben der Auswanderung wohl die häufigste Ursache der Verschollenheit; es besteht daher ein Bedürfnis für eine Sonderregelung der Seeverschollenheit. Das Bürgerliche Gesetzbuch engt allerdings ihre Voraussetzungen dadurch stark ein, daß es das Anwendungsgebiet des § 16 auf die Fälle beschränkt, in denen ein Mensch infolge eines Schiffsunterganges in Verschollenheit geraten ist; ist dagegen das Schiff nach einem Unfall gerettet, so können die bei dem Unfall verschwundenen Fahrtteilnehmer nicht nach den Grundsätzen der Seeverschollenheit, sondern nur nach den sonstigen Verschollenheitsvorschriften für tot erklärt werden. Diese Regelung erscheint wenig folgerichtig. Denn Grundlage für die Sonderregelung der Seeverschollenheit ist die typische „Seegefahr". Darunter ist in diesem Zusammenhang — abweichend vom Seeversicherungsrecht — einfach die Gefahr zu verstehen, die jeden Menschen bedroht, welcher der elementaren Gewalt des Meeres ohne Hilfsmittel oder mit einem unter den Gegebenheiten des Falles unzureichenden Hilfsmittel ausgeliefert ist. Ist ein Mensch dieser Gefahr, der er im allgemeinen nur für kurze Zeit trotzen kann, ausgesetzt gewesen, so liegt, wenn er nicht wieder in seinen früheren Lebenskreis zurückgekehrt ist oder sonst Nachrichten über ihn eintreffen, schon verhältnismäßig bald eine tatsächliche Vermutung dafür vor, daß er der Gefahr erlegen, also gestorben ist. Diese Erwägungen gelten aber nicht nur hinsichtlich eines Menschen, der im Zusammenhang mit einem Schiffbruch der Seegefahr ausgeliefert worden ist; sie treffen in dem gleichen Maß für den zu, der unabhängig von einem Schiffbruch oder ohne einen solchen in die gleiche Gefahr geraten ist. Dabei kann es auch keinen Unterschied bedeuten, ob der nachher Verschollene im Sturm über Bord gespült ist, oder ob er bei einer Strandung des Schiffes, die nicht dessen Untergang zur Folge gehabt hat, ins Wasser gefallen oder gesprungen ist, oder ob er bei ruhiger See, sei es infolge eines Unglücksfalles, sei es infolge eines Verbrechens sei es mit eigenem Willen von Bord des auf See befindlichen Schiffes verschwunden ist.

Der § 5 Abs. 1 des Gesetzes erweitert aus diesen Gründen den Anwendungsbereich der Seeverschollenheit über die Fälle des Schiffsuntergangs hinaus auf alle Fälle, in denen die Verschollenheit auf der „Seegefahr" in dem oben gekennzeichneten Sinn beruht. Er trifft also vor allem auch den Fall des „Mann über Bord" in allen seinen Erscheinungsformen und gedenkt des Schiffsunterganges nur als eines unter mehreren Tatbeständen.

Eine Änderung gegenüber dem Bürgerlichen Gesetzbuch enthält das Gesetz auch insofern, als es nicht von einer „Seefahrt", sondern von einer „Fahrt auf See" spricht. Diese Änderung erscheint notwendig wegen der Auslegung, die der § 16 Abs. 1 BGB. erfahren hat. Danach sollen unter einer „Seefahrt" nicht nur die Fahrt auf dem offenen Meer, sondern auch die Zu- und Durchgangsfahrten auf Binnengewässern verstanden werden (vgl. Mot. I. S. 41 und im Anschluß daran die Mehrzahl der Erläuterungs- und Lehrbücher). Dieser Auffassung tritt das Gesetz bewußt entgegen. Wenn nämlich die Tatsache, daß ein Mensch der typischen Seegefahr ausgesetzt gewesen ist, die Voraussetzung für die Todeserklärung nach einer besonderen Vorschrift ist, so kann diese Vorschrift dann nicht angewandt werden, wenn der Verschollene zur Zeit seines Verschwindens nicht dieser, sondern einer anderen Gefahr ausgesetzt war. Es kann zwar nicht bestritten werden, daß auch zahlreiche Binnengewässer für den Menschen ähnliche Gefahren bergen wie das offene Meer. Diese Feststellung kann aber nicht dazu führen, grundsätzlich und allgemein die Gefahren, die dem Menschen durch Binnengewässer drohen, den Gefahren des Meeres gleichzustellen. Da das Gesetz eine Unterscheidung zwischen verschiedenen Binnengewässern nicht wohl treffen kann, erfordert die Rechtssicherheit eine klare Ausscheidung aller Verschollenheitsfälle, die sich auf Binnengewässern ereignen, aus dem Tatbestande der Seeverschollenheit. Zu dem gleichen Ergebnis führt die Erwägung, daß — was wohl nie bezweifelt ist — die Vorschriften über die Seeverschollenheit unanwendbar sind, wenn auf einem großen Binnensee, auf einem Haff oder auf einem großen Strom ein Schiff, das dieses Gewässer bestimmungsgemäß nicht verlassen sollte, untergeht und dabei Menschen in Verschollenheit geraten. Dann ist aber eine andere Beurteilung auch nicht gerechtfertigt, wenn das auf dem Binnengewässer untergegangene Schiff für die Seefahrt bestimmt war und sich auf der Ausreise auf das Meer befunden hat. Was hiernach für die Verschollenheit infolge eines Schiffsuntergangs gilt, muß auch für die Fälle gelten, in denen ein Mensch von Bord eines auf einer Reise befindlichen Schiffes verschwindet.

Das Gesetz gibt ferner die kasuistische Regelung des § 16 Abs. 2 BGB. auf, da sie nach dem heutigen Stande des Verkehrs- und Nachrichtenwesens keine Berechtigung mehr hat. Die Regelung des Bürgerlichen Gesetzbuches, die nur die geographische Lage der Fahrtroute im Verhältnis zu Deutschland — nicht einmal zum Ausgangspunkt der Fahrt — für maßgebend erklärt, ist bereits im Schrifttum mit Recht abgelehnt worden. Es wird kaum bezweifelt werden, daß hinsichtlich eines großen, gut ausgerüsteten Dampfers, der auf der Linienfahrt zwischen zwei nicht weit voneinander entfernten ostasiatischen Häfen in Verschollenheit gerät, eine tatsächliche Vermutung für den Untergang viel eher besteht als hinsichtlich eines kleinen Sportfahrzeugs, das eine Küstenfahrt in der östlichen Ostsee unternommen hat. Dies Beispiel zeigt, daß für die Bemessung der Frist, nach deren Ablauf der Untergang des Schiffes tatsächlich angenommen werden kann, im Einzelfall sehr verschiedene Gesichtspunkte entscheidend sein können. Das sind namentlich die Größe, Ausrüstung und Antriebsart des Schiffes, insbesondere seine etwaige Ausstattung mit FT., ferner die gewöhnliche Dauer der beabsichtigten Reise oder des Reiseabschnitts, während dessen die Verschollenheit eingetreten ist und die Tatsache, ob in der Gegend, in der sich das Schiff vermutlich befunden hat, während der maßgebenden Zeit Stürme geherrscht haben. Schließlich gehört hierher auch die geographische Lage der Reiseroute, diese allerdings nur hinsichtlich der Frage, ob sie viel oder wenig befahrene Meere, an dicht besiedelten oder einsamen Küsten entlang und in der Nähe von Ländern mit guten oder mangelhaften Nachrichteneinrichtungen verlaufen ist. Es liegt auf der Hand, daß eine gesetzliche Erfassung dieser vielfältigen Möglichkeiten in einer Form, die krasse Unbilligkeiten im Einzelfall vermeidet, nicht möglich ist. Das Gesetz sieht deshalb grundsätzlich für alle Fälle eine einjährige Frist vor; sie ist so lang bemessen, daß nach ihrem Ablauf immer eine hohe Wahrscheinlichkeit für den Schiffsuntergang besteht. Die Berücksichtigung der Besonderheiten des Einzelfalls ist dadurch ermöglicht, daß diese Frist verkürzt wird, wenn nach anerkannter seemännischer Erfahrung — also einem objektiven Maßstab — die Wahrscheinlichkeit besteht, daß das Schiff schon früher untergegangen sei; bei der Bemessung dieser verkürzten Frist sind jegliche kasuistischen Bindungen des Gerichts vermieden.

§ 6

Wer bei einem Fluge, insbesondere infolge Zerstörung des Luftfahrzeugs, verschollen ist, kann für tot erklärt werden, wenn seit der Zerstörung des Luftfahrzeugs oder dem sonstigen die Verschollenheit begründenden Ereignis oder, wenn diese Ereignisse nicht feststellbar sind, seit dem letzten Zeitpunkt, zu dem der Verschollene

nach den vorhandenen Nachrichten noch gelebt hat, drei Monate verstrichen sind.

Aus der amtlichen Begründung des Gesetzes:

Man kann drei Gruppen von Tatbeständen unterscheiden, die eine Sonderregelung unter dem Gesichtspunkt der Luftverschollenheit erheischen:

a) Ein Luftfahrzeug ist nachweislich unter Umständen zerstört, die das Weiterleben einzelner Insassen unwahrscheinlich machen; der Tod aller oder einzelner Insassen ist jedoch nicht feststellbar, weil die Leichen nicht gefunden oder identifiziert sind.

b) Von einem Luftfahrzeug fehlen jegliche Nachrichten; es ist samt seinen Insassen verschollen.

c) Ein Mensch, der sich beim Abflug eines Luftfahrzeugs nachweislich an Bord befunden hat, ist bei der Landung nicht mehr an Bord; über die Umstände seines Verschwindens ist nichts bekannt („Mann über Bord").

Diese drei Gruppen von Fällen zeigen zwar eine Ähnlichkeit mit den Voraussetzungen der Seeverschollenheit, wie sie in Erweiterung der Regeln des Bürgerlichen Gesetzbuches von diesem Gesetz abgegrenzt werden. Trotzdem konnte die Vorschrift über die Luftverschollenheit nicht allenthalben den Grundsätzen folgen, nach denen die Vorschrift über die Seeverschollenheit (§ 5) aufgebaut ist. Denn wenn von einem Schiff samt seiner Besatzung jegliche Nachricht fehlt, so besteht doch noch keine zwingende Notwendigkeit der Annahme, es sei alsbald nach der letzten Nachricht untergegangen; es ist vielmehr die Möglichkeit gegeben, daß es sich — u. U. sogar während eines längeren Zeitraums — an einem unbekannten Ort unversehrt aufgehalten hat. Diese Möglichkeit läßt es zweckmäßig erscheinen, daß in einem solchen Falle die Verschollenheitsfrist über die Dauer hinaus ausgedehnt wird, welche die Frist haben muß, wenn der Untergang des Schiffes oder ein sonstiges gefährliches Ereignis einwandfrei festgestellt ist. Das Gesetz (§ 5 Abs. 2) erreicht dies Ziel dadurch, daß in den Fällen, in denen das Schicksal des ganzen Schiffes ungewiß ist, der Beginn der eigentlichen Verschollenheitsfrist um drei Monate bis ein Jahr hinausgeschoben wird. Fehlt dagegen von einem Luftfahrzeug samt seinen Insassen jegliche Nachricht, so wird man im allgemeinen annehmen können, daß es, wenn überhaupt, schon bald nach der letzten Nachricht zerstört sei. Deshalb würde eine dem § 5 Abs. 2 entsprechende Regelung dem tatsächlichen Verlauf der Dinge regelmäßig nicht gerecht werden. Aus dieser Erwägung heraus sieht das Gesetz eine gleich lange Verschollenheitsfrist sowohl für die Fälle vor, in denen das die Verschollenheit begründende Ereignis festgestellt ist, als auch für die

Fälle, in denen dies Ereignis nicht bekannt ist. Es konnte dies um so eher tun, als durch die Bemessung der Aufgebotsfrist (§ 21 dieses Gesetzes i. V. m. § 18 RFGG.) eine Hinausschiebung der Todeserklärung erreicht werden kann, falls die wegen völliger Ungeklärtheit des Tatbestandes geboten ist oder aus sonstigen Gründen nach Ablauf der Verschollenheitsfrist noch keine ernstlichen Zweifel an dem Fortleben des Verschollenen bestehen.

Durch das Erfordernis, daß die Verschollenheit „bei einem Fluge" eingetreten sein muß, will das Gesetz einerseits alle Fälle erfassen, in denen die Verschollenheit auf der tatsächlichen oder mutmaßlichen Zerstörung oder dem sonstigen Verlust des Luftfahrzeuges beruht und in denen der Tatbestand des „Mann über Bord" vorliegt; er will andererseits eine vierte Gruppe von Tatbeständen ausscheiden, die gelegentlich gleichfalls unter dem Gesichtspunkt der „Luftverschollenheit" betrachtet sind. Es sind dies die Fälle, in denen ein Luftfahrzeug nachweisbar notgelandet oder ohne erhebliche Beschädigungen abgestürzt ist, in denen aber von den Insassen oder einzelnen Insassen jede Spur fehlt, weil sie wahrscheinlich das unbrauchbar gewordene Luftfahrzeug verlassen und versucht haben, sich zu Fuß oder — bei Wasserflugzeugen — in einem Behelfsboot zu retten. Hier besteht die große Wahrscheinlichkeit oder sogar die Gewißheit, daß die Insassen des Luftfahrzeugs lebend die Erde erreicht haben, und daß ihre spätere Verschollenheit nicht unmittelbar auf den Gefahren des Fliegens, sondern auf anderen Gefahren beruht, die jeden Menschen unabhängig von der Teilnahme an einem Fluge treffen können. Diese Fälle dürfen nicht unter die Vorschrift über die Luftverschollenheit fallen, wenn eine Begriffsverwischung vermieden und eine vorzeitige Todeserklärung von Menschen ausgeschlossen werden soll, die tatsächlich nicht in unmittelbarer Folge eines Fluges, also nicht „bei einem Fluge" verschollen sind.

Die Bedingungen eines Fluges unterscheiden sich immerhin erheblich von denen einer Seefahrt; insbesondere erfordern die Geschwindigkeit und die Betriebsdauer eines Luftfahrzeugs sowie die Rettungsmöglichkeit bei einem Fluge eine andere Beurteilung der Luftverschollenheit als der Seeverschollenheit; es kommt hinzu, daß Luftfahrzeuge — namentlich auf Fernflügen — einer stärkeren Kontrolle unterliegen als Schiffe und daß ein Nachrichtenwesen zur Erforschung des Verbleibs von Luftfahrzeugen besonders gut ausgebaut ist. Deshalb ist die „Verschollenheitsfrist" im § 6 wesentlich kürzer als bei der Seeverschollenheit vorgesehen.

§ 7

Wer unter anderen als den in den §§ 4 bis 6 bezeichneten Umständen in eine Lebensgefahr[1]) gekommen und seitdem verschollen ist, kann für tot erklärt werden, wenn seit dem Zeitpunkt, in dem

die Lebensgefahr beendigt ist oder ihr Ende nach den Umständen erwartet werden konnte, ein Jahr verstrichen ist.

Britische Zone: Art. 2 und 3 der VO. zur Ergänzung des Ges. über die Verschollenheit usw. v. 16. 12. 1946:

Art. 2: § 7 erhält folgenden Abs. 2 und 3:

(2) Lebensgefahr ist jeder Zustand und jedes Ereignis, durch die das Leben eines Menschen in ungewöhnlichem Maße bedroht wird.

(3) Ist der Verschollene nach dem 1. 7. 1944 im Zusammenhang mit Kriegsereignissen oder -zuständen in Lebensgefahr geraten, so beginnt die Frist erst mit dem von dem Zentraljustizamt zu bestimmenden Zeitpunkt. § 4 Abs. 2 findet entsprechende Anwendung.

Art. 3: Hinter § 7 ist nachstehende Vorschrift als § 7a einzufügen:

§ 7a

(1) Wer vor dem 8. Mai 1945 aus politischen, rassischen oder religiösen Gründen verhaftet wurde oder der vor diesem Tage verschleppt oder in ein Konzentrationslager oder einen sonstigen Zwangsaufenthalt verbracht wurde, gilt als in Lebensgefahr gekommen.

(2) In diesen Fällen beginnt die Frist des § 7 am 8. Mai 1945.

(3) Als Todestag ist der 8. Mai 1945 festzustellen, sofern sich nicht ein anderer Zeitpunkt feststellen läßt. Dies gilt auch für den Fall der Feststellung der Todeszeit (§ 44 Abs. 1).

Aus der amtlichen Begründung des Gesetzes:

Der § 7 lehnt sich in der Abgrenzung seines Anwendungsbereichs eng an die bewährte Regelung des § 17 BGB. an. Es werden also alle Fälle umfaßt, in denen sich der nachher Verschollene nachweisbar in einer Lebensgefahr befunden hat, die nicht die Voraussetzungen der vorhergehenden §§ 4 bis 6 erfüllt. Der Anwendungsbereich der Vorschrift ist also gegenständlich sehr weit, und es werden außerordentlich verschiedenartige Tatbestände von ihr ergriffen. Sie gilt sowohl, wenn es sich um eine Augenblicksgefahr, eine Katastrophe (Großfeuer, Grubenunglück, Verkehrsunglück usw.) handelt, als auch, wenn es sich um einen länger andauernden gefährlichen Zustand handelt; dabei macht es auch keinen Unterschied, ob der gefährliche Zustand nur wenige Stunden oder Tage andauert oder ob er sich über einen wesentlich längeren Zeitraum erstreckt (z. B. Bergbesteigungen, gefährliche Wasserfahrten, Forschungsreisen in unbekannte oder gefährliche Gebiete). Ferner spielt es keine Rolle, ob der Verschollene mit oder ohne seinen Willen in die Lebensgefahr gekommen ist.

Dieser Verschiedenartigkeit der Tatbestände trägt die Regelung des Bürgerlichen Gesetzbuchs insofern nur unvollkommen Rechnung, als sie als Anknüpfungspunkt für die Berechnung der „Verschollenheitsfrist" nur „das Ereignis" bestimmt. Diese Regelung geht also offensichtlich von der Augenblicksgefahr aus und überläßt die Bestimmung des Anknüpfungspunktes bei länger dauernden Gefahren der Rechtsprechung und -lehre. Die Verschiedenartigkeit der zu erfassenden Tatbestände sollte aber von der gesetzlichen Regelung berücksichtigt werden. Wegen der erstrebten möglichst weitgehenden Abkürzung der „Verschollenheitsfristen" mußte bei der Bestimmung des Anknüpfungspunktes für die Fristberechnung darauf geachtet werden, daß vorzeitige Todeserklärungen unter allen Umständen vermieden werden. Dieses Ziel könnte bei länger dauernden Gefahren nicht mit Sicherheit erreicht werden, wenn die Frist vom Beginn der Gefahr ab berechnet würde. Bei einer solchen Regelung würde nämlich in den Fällen, in denen der gefährliche Zustand von vornherein auf längere Zeit berechnet war und während dieser Zeit Nachrichten nicht zu erwarten waren, die Todeserklärung unter Umständen schon vor dem Ablauf der vorgesehenen Abwesenheitsdauer, also schon in einem Zeitpunkt zulässig sein, in dem der Tatbestand der Verschollenheit begrifflich noch nicht erfüllt ist. Da überhaupt dieser Tatbestand niemals gegeben sein kann, solange die Gefahr andauert oder ihre Fortdauer angenommen werden muß, geht dies Gesetz von dem tatsächlichen oder mutmaßlichen Ende der Gefahr als dem Anknüpfungspunkt für die Berechnung der Verschollenheitsfrist aus und bereitet so auch dem bei der Auslegung des § 17 BGB. entstandenen Streit der Meinungen ein Ende (vgl. Staudinger, Nr. 9 zu § 17 und Oertmann, Anm. 3 zu § 17).

---

[1]) Lebensgefahr kann durch ein Ereignis oder durch einen kürzere oder längere Zeit andauernden Zustand verursacht werden.

Zustände, die eine Lebensgefahr bedeuten, sind ungewöhnliche Lebensverhältnisse, unter denen der Betreffende einer das normale Maß an Gefahren erheblich übersteigenden Lebensgefahr ausgesetzt ist, so daß, wenn er vermißt wird, dies mit großer Wahrscheinlichkeit darauf zurückzuführen ist, daß er in der Gefahr umgekommen ist. Zu den Schulbeispielen der Friedenszeit: Forschungsreisen in unbekannte und unbewohnte Gegenden, alpine Expeditionen, sind in der neuesten Zeit andersartige, typisch lebensgefährliche Zustände hinzugetreten, und zwar

> Verschleppungen und Verbringungen in Konzentrationslager aus politischen, rassischen oder religiösen Gründen, Verhaftungen aus diesen Gründen, Aufenthalt im Kampfgebiet, Aufenthalt in Orten, die Luftangriffen ausgesetzt waren, während der Dauer von Luftangriffen.

Diesen Tatbeständen ist gemeinsam, daß die mit ihnen verbundene allgemeine Gefährdung des Lebens zur Feststellung der Lebensgefahr im Einzelfalle genügt. Krankheit, hohes oder sehr jugendliches Alter können naturgemäß im Einzelfall zur Erhöhung der Lebensgefahr beitragen. Der gesetzlichen Normierung in der Britischen Zone entspricht die Praxis der anderen Zonen.

Aus der Praxis der Berliner Gerichte:

Der Einmarsch der Sowjetarmee im Jahre 1945 brachte zwar für die Bewohner der betreffenden Orte eine gefahrvolle Lage mit sich. Diese Lage ist jedoch einer Lebensgefahr im Sinne des § 7 nicht gleichzustellen, wenn nicht besondere Umstände hinzutreten (LG. Berlin v. 15. 9. 48 — 24 T 1502/48 —); die Verbringung in ein sowjetisches Interniertenlager ergibt nicht ohne weiteres, daß der Vermißte in eine Lebensgefahr gemäß § 7 gekommen ist (LG. Berlin v. 11. 6. 48 — 24 T 676/48); die Umstände, unter denen die deutsche Bevölkerung aus Ost- und Westpreußen in den ersten Monaten des Jahres 1945 flüchten mußte, bedeutet eine allgemeine Lebensgefährdung (LG. Berlin v. 9. 2. 48 — 24 T 1086/47 —); unter Lebensgefahr ist auch ein gefahrvoller Zustand zu verstehen, wie ihn die Umstände in S. in den Tagen des Kampfes und Zusammenbruchs im Frühjahr 1945, insbesondere für alte und hilfsbedürftige Personen mit sich brachten (LG. Berlin v. 14. 6. 48 — 24 T 457/48 —).

In allen diesen Fällen muß aber, um eine Todeserklärung zu rechtfertigen, der Nachweis geführt werden, daß der Betreffende sich tatsächlich in Lebensverhältnissen befunden hat, die eine Lebensgefahr bedeuten. Eine bloße Vermutung in dieser Hinsicht, wie z. B. die Annahme, daß der Vermißte sich in einem Kampfgebiet aufgehalten hat, genügt nicht.

Selbstmordabsichten, die ein Verschollener geäußert hat, bedeuten keine Lebensgefahr im Sinne von § 7, da sie jederzeit willkürlich wieder aufgegeben und durch die Flucht in einen anderen Lebenskreis ersetzt werden können.

§ 8

Liegen bei einem Verschollenen die Voraussetzungen sowohl des § 4 als auch der §§ 5 oder 6 vor, so ist nur der § 4 anzuwenden[1]).

Aus der Begründung des Gesetzes:

Es war nach dem bisherigen Rechtszustand möglich und ist auch nach dem Gesetz möglich, daß im Einzelfall mehrere Verschollenheitstatbestände miteinander konkurrieren. Begrifflich ausgeschlossen war eine solche Konkurrenz nur zwischen dem § 17 BGB. einerseits und den §§ 15 und 16 andererseits, weil § 17 nach seinem Wortlaut nur angewandt werden kann, wenn der Verschollene „unter anderen als den in den §§ 15, 16 bezeichneten Umständen in eine Lebensgefahr geraten ..... ist". Entsprechendes gilt für das Gesetz. Danach ist also einmal denkbar eine Konkurrenz zwischen dem Tatbestand der allgemeinen Verschollenheit und allen besonderen Verschollenheitstatbeständen. Die Möglichkeit dieser Konkurrenz ist allerdings praktisch stark durch die erheblich größere Länge der bei der allgemeinen Verschollenheit einzuhaltenden Fristen eingeschränkt; sie wird wohl nur eintreten, wenn die Todeserklärung auf Grund eines besonderen Verschollenheitstatbestandes ungewöhnlich lange hinausgezögert ist. Ferner besteht die Möglichkeit einer Konkurrenz zwischen dem § 15 BGB. und dem § 16 BGB., nach dem Gesetz also zwischen dem § 4 und den §§ 5 und 6, die immer vorliegt, wenn Angehörige der See- (oder Luft-)Streitkräfte während eines Krieges bei einer Fahrt mit einem Kriegsschiff (oder Militärluftfahrzeug) in Verschollenheit geraten; diese Konkurrenz hat größere Bedeutung.

Nach dem Recht des Bürgerlichen Gesetzbuchs haben in Konkurrenzfällen die Beteiligten und das Gericht die Wahl, auf Grund welches Verschollenheitstatbestandes die Todeserklärung betrieben werden soll. Diese Freiheit der Wahl ist unbedenklich bei einer Konkurrenz zwischen dem Tatbestand der allgemeinen Verschollenheit und einem besonderen Verschollenheitstatbestand. Denn die bei der allgemeinen Verschollenheit einzuhaltenden Fristen sind so lang bemessen, daß es kaum vorkommen kann, daß nach ihrem Ablauf nicht auch die Fristen des besonderen Tatbestandes abgelaufen wären. Tritt ein solcher Fall ausnahmsweise — etwa bei Kriegsverschollenheit in einem sehr lange dauernden Kriege oder bei Verschollenheit infolge einer auf lange Jahre bemessenen Forschungsreise — doch einmal ein, so erfordert das Interesse der Zurückgebliebenen nach dieser langen Zeit seit dem Eintritt der Verschollenheit die Beseitigung der bestehenden Ungewißheit durch die Todeserklärung; ein noch längeres Warten kann ihnen nicht zugemutet werden, selbst wenn durch die Eigenart des Falles die — an sich kürzeren — Fristen des besonderen Tatbestandes noch nicht ganz abgelaufen sind.

Erhebliche Bedenken bestehen aber gegen die Wahlfreiheit zwischen den Vorschriften über die Kriegsverschollenheit und den Vorschriften über die See- (und Luft-)Verschollenheit. Ist nämlich ein Angehöriger der See- (oder Luft-)Streitkräfte im Kriege bei einer Fahrt mit einem Kriegsschiff (oder einem Militärluftfahrzeug) verschollen, so werden meistens die Fristen der See- (oder Luft-)Verschollenheit abgelaufen sein, bevor die Voraussetzungen der Todeserklärung wegen Kriegsverschollenheit erfüllt sind; der verschollene Angehörige der Kriegsmarine oder der Kriegsflieger könnten also regelmäßig früher für tot erklärt werden als ihr beim Landheere kämpfender Kamerad. Es kann aber nicht festgestellt werden, daß jene allgemein einer größeren Gefahr ausgesetzt wären als dieser, und daß deshalb die Zweifel an ihrem Fortleben früher begründet oder stärker wären. Bei der Bemessung der für die Kriegsverschollenheit maßgebenden Fristen ist nämlich nicht nur die Tatsache berücksichtigt, daß der Soldat — wenigstens vermutungsweise — ständig in einer besonderen Lebensgefahr sich befindet, sondern auch die Tatsache, daß während eines Krieges die Nachforschungen nach einem Verschollenen erschwert sind, und daß der Nachrichtendienst gestört ist oder mindestens gestört sein kann. Der Fristbeginn ist deshalb für den Regelfall der Kriegsverschollenheit auf das Ende des Krieges abgestellt, weil erst dann mit der Wiederherstellung ausreichender Nachforschungsmöglichkeiten und eines geordneten Nachrichtendienstes im allgemeinen gerechnet werden kann. Diese Gesichtspunkte müssen für alle Fälle von Kriegsverschollenheit ausschließliche Geltung beanspruchen ohne Rücksicht darauf, ob die Verschollenheit im Landkriege, im Seekriege oder im Luftkriege eingetreten ist. Es kommt noch hinzu, daß man gerade bei der Kriegsverschollenheit auch das Interesse des Verschollenen angemessen berücksichtigen und ihm — sofern er noch am Leben ist — die Schwierigkeiten nach Möglichkeit ersparen muß, die mit einer Rückgängigmachung der Todeserklärung notwendigerweise verbunden sind.

Aus diesen Gründen sieht das Gesetz in seinem § 8 eine ausdrückliche Regelung der Konkurrenz mehrerer Verschollenheitstatbestände in der Richtung vor, daß bei einem Zusammentreffen der Voraussetzungen des § 4 (Kriegsverschollenheit) einerseits und des § 5 (Seeverschollenheit) oder § 6 (Luftverschollenheit) andererseits nur der § 4 angewandt werden kann.

---

1) Konkurrenz zwischen § 4 einerseits und §§ 5 u. 6 andererseits liegt naturgemäß nur dann vor, wenn der Vermißte in seiner Eigenschaft als Angehöriger der bewaffneten Macht an einem Fluge oder einer Seefahrt im **Gefahrengebiet** teilgenommen und seitdem vermißt ist. Wer als Soldat des letzten Krieges seit einem Fluge vermißt ist, kann nach § 6 für tot erklärt werden, wenn der Flug nicht im Gefahrengebiet stattgefunden hat, auch wenn der Flug dienstlicher Natur war.

§ 9

(1) Die Todeserklärung begründet die Vermutung, daß der Verschollene in dem im Beschluß festgestelltenZeitpunkt gestorben ist[1]).

(2) Als Zeitpunkt des Todes ist der Zeitpunkt festzustellen, der nach dem Ergebnis der Ermittlungen der wahrscheinlichste ist[2]).

(3) Läßt sich ein solcher Zeitpunkt nicht angeben, so ist als Zeitpunkt des Todes festzustellen[3]):

a) in den Fällen des § 3 das Ende des fünften Jahres oder, wenn der Verschollene das achtzigste Lebensjahr vollendet hätte, des dritten Jahres nach dem letzten Jahre, in dem der Verschollene den vorhandenen Nachrichten zufolge noch gelebt hat[4]);

b) in den Fällen des § 4 der Zeitpunkt, in dem der Verschollene vermißt worden ist;

c) in den Fällen der §§ 5 und 6 der Zeitpunkt, in dem das Schiff untergegangen, das Luftschiff zerstört oder das sonstige die Verschollenheit begründende Ereignis eingetreten oder — falls dies nicht feststellbar ist — der Verschollene zuerst vermißt worden ist;

d) zu den Fällen des § 7 der Beginn der Lebensgefahr[5]).

(4) Ist die Todeszeit nur dem Tage nach festgestellt, so gilt das Ende des Tages als Zeitpunkt des Todes[6]).

Aus der amtlichen Begründung des Gesetzes:

Der § 9 enthält keine Änderung der Grundsätze des bisherigen Rechtszustandes.

Zunächst stellt Abs. 1 — wie bisher § 18 Abs. 1 BGB. — fest, daß die Erfüllung der in den §§ 3 bis 7 aufgestellten Voraussetzungen nicht ipso iure eine Todesvermutung schafft, daß eine solche vielmehr nur durch ein besonderes, darauf gerichtetes gerichtliches Erkenntnis begründet werden kann. Die Todeserklärung wirkt also als solche konstitutiv, ihr Inhalt aber deklaratorisch.

Der Abs. 2 rückt den — bisher in einem Nebensatz enthaltenen — allgemeinen Grundsatz für die Feststellung des Todeszeitpunktes in den Vordergrund. Er stellt also deutlicher, als es die Fassung des Bürgerlichen Gesetzbuches tat, die Verpflichtung des Richters klar, in jedem Fall den wahrscheinlichsten Tag des Todes zu ermitteln. Er nähert sich damit auch stark der Fassung des österreichischen Rechts (§ 8 Abs. 2 TEG.). Nur wenn die vom Gericht angestellten Ermittlungen keinerlei Anhaltspunkte dafür erbringen, welcher Tag der wahrscheinlichste Todestag des Verschollenen ist, können die — naturgemäß recht kasuistischen — Regeln des Abs. 3 Platz greifen.

Der Abs. 3 versucht, soweit das bei der Vielgestaltigkeit der vorkommenden Fälle und bei dem Fehlen jeglicher Anhaltspunkte möglich ist, den vermutlichen normalen Geschehensablauf weitgehend zu berücksichtigen. Während das Bürgerliche Gesetzbuch bei der allgemeinen Verschollenheit als Todestag das Ende der „Verschollenheitsfrist" annahm, soll nach diesem Gesetz etwa die Mitte zwischen dem Beginn der Nachrichtenlosigkeit und dem Ende der „Verschollenheitsfrist" gewählt werden. Bei der Kriegsverschollenheit ist nach dem Bürgerlichen Gesetzbuch auf den Zeitpunkt des Friedensschlusses oder den Zeitpunkt abgestellt, in dem der Krieg tatsächlich beendigt ist; da es aber jeglicher Lebenserfahrung widerspricht, daß alle während eines Krieges Vermißten an dem gleichen Zeitpunkt gestorben sein sollen, knüpft das Gesetz an den Zeitpunkt an, an dem der nachher Verschollene vermißt ist. Gerade hier muß darauf hingewiesen werden, daß die Erwägungen, die für die Bestimmungen des Zeitpunkts gelten, von dem ab die Todeserklärung zulässig sein soll (vgl. die allgemeine Begründung zu Abschn. I und II unter 2 und die Begründung zu § 4), bei der Bestimmung des Todeszeitpunktes keine Rolle mehr spielen können. Denn wenn alle Ermittlungen bis zum Ende der „Verschollenheitsfrist" und nach ihrem Ablauf keinerlei Nachrichten über den Verschollenen erbracht haben, ist rückschauend die tatsächliche Annahme und — darauf fußend — die gesetzliche Vermutung gerechtfertigt, daß der Verschollene schon an einem wesentlich früheren Zeitpunkt gestorben sei. Wenn insbesondere über einen im Kriege Vermißten später und unter Umständen sogar nach dem Ende des Krieges keine Nachrichten mehr zu erlangen sind, so kann wohl im allgemeinen angenommen werden, daß er bereits in dem Zeitpunkt gestorben sei, in dem er aus dem Gesichtskreis seiner Kameraden verschwunden ist. Die Regeln, die bei der Feststellung der Todeszeit im Falle der Seeverschollenheit nach dem Bürgerlichen Gesetzbuch zu beachten sind, kehren im wesentlichen unverändert für die Fälle der See- und Luftverschollenheit wieder, ergänzt durch eine Regel für den Fall des „Mann über Bord", die an den Zeitpunkt des Verschwindens des nachher Verschollenen anknüpft. Neu ist hier nur die Bestimmung, daß, wenn das die Verschollenheit begründende Ereignis unbekannt oder nicht aufgeklärt ist, der Zeitpunkt maßgebend sein soll, in dem der Verschollene zuerst vermißt worden ist. — Bei der Gefahrverschollenheit erklärt § 18 Abs. 2 BGB. wieder den Zeitpunkt maßgebend, „in welchem das Ereignis stattgefunden hat", und erschwert damit die Berücksichtigung der länger dauernden Gefahrzustände (vgl. oben zu § 7). Wenn das Gesetz hier im Gegensatz zu § 7 nicht das Ende sondern den Beginn der Gefahr als Anknüpfungspunkt wählt, so sind dafür die gleichen Erwägungen maßgebend, wie bei der Kriegsverschollenheit. Wenn nach Ablauf der „Verschollenheitsfrist" überhaupt keine Feststellungen in der Richtung getroffen sind, daß der Verschollene den Beginn des gefährlichen Zustandes überlebt habe, so muß eben angenommen werden, daß er schon bei Beginn der Gefahr gestorben sei.

Der Abs. 4 enthält — wie der § 18 Abs. 3 BGB. — eine Fiktion über den genauen Zeitpunkt des Todes für den Fall, daß dieser nur dem Tage nach festgestellt werden kann.

---

[1]) Die Feststellung des Zeitpunktes des Todes ist notwendiger Bestandteil der Todeserklärung (§ 23). Die Vermutung des Abs. 1 ist widerlegbar. Dazu steht bis zur Rechtskraft des Beschlusses über die Todeserklärung zunächst, und zwar für alle nach § 26 Abs. 2a Beschwerdeberechtigten der Weg der sofortigen Beschwerde zwecks Beseitigung der Todeserklärung und damit ihrer Vermutung zur Verfügung. Der Verschollene selbst und der Staatsanwalt — letzterer natürlich auch auf Anregung Dritter — können dieses Ziel im Aufhebungsverfahren gemäß §§ 30 ff. erreichen. Eine allgemeine, jedermann zustehende Klage auf Feststellung der Unrichtigkeit der Todeserklärung (§ 236 ZPO.) ist nicht denkbar, da Feststellungsklagen nur auf das Bestehen oder Nichtbestehen eines Rechtsverhältnisses, nicht aber eines tatsächlichen Verhältnisses, gerichtet werden können. Ist jedoch die Frage des Todes einer Person oder des Zeitpunktes desselben als Vorfrage in einem sonstigen Rechtsstreit zu klären, so ist das Prozeßgericht grundsätzlich nicht an den Beschluß und die an ihn geknüpfte Vermutung gebunden. Eine von dem Beschluß abweichende Entscheidung des Prozeßgerichts wirkt aber nur zwischen den Parteien dieses Rechtsstreits.

Die Todeserklärung hat die gleichen Rechtswirkungen wie der Tod selbst. Der für tot Erklärte wird also von den Personen beerbt, die kraft eigener letztwilliger Verfügung oder als gesetzliche Erben nach Maßgabe des festgestellten Todeszeitpunktes berufen sind. Der zur Erteilung eines Erbscheins erforderliche Nachweis der Zeit des Todes des Erblassers (§§ 2354, 2356 Abs. 1) kann durch den rechtskräftigen Beschluß über die Todeserklärung geführt werden. Hat der für tot Erklärte den Zeitpunkt überlebt, der als Zeitpunkt seines Todes festgestellt ist, so kann er, sofern er noch lebt, die Herausgabe seines Vermögens gemäß § 2031 BGB nach näherer Maßgabe von §§ 2018 ff. und gemäß § 2370 auch die Herausgabe eines unrichtigen Erbscheins von den Besitzern beanspruchen, und zwar ohne daß es einer vorherigen Aufhebung der Todeserklärung bedarf. Hat der für tot Erklärte den Zeitpunkt der Todeserklärung zwar überlebt, ist er aber später gestorben und ändert sich dadurch die Erbfolge, so steht der gleiche Anspruch naturgemäß denjenigen zu, die Erben des zu Unrecht für tot Erklärten im Zeitpunkt des späteren natürlichen Todes geworden sind. Das Gleiche gilt aber auch, wenn umgekehrt der für tot Erklärte zu einem früheren Zeitpunkt gestorben ist, als im Beschluß über die Todeserklärung festgestellt ist.

Wegen des Schutzes der gutgläubigen Erben eines für tot Erklärten, der den festgestellten Todeszeitpunkt überlebt oder vor diesem Zeitpunkt gestorben ist, vgl. §§ 2370, 2366, 2367 BGB.

Wegen der besonderen familienrechtlichen Wirkungen einer Todeserklärung wird im übrigen auf folgende Gesetzesbestimmungen hingewiesen·

§§ 38—40 des Gesetzes über die Ehe vom 20. 2. 46,

§§ 1420, 1425, 1434 Abs. 2, 1544, 1547, 1549 BGB. (eheliches Güterrecht),

§§ 1679 Abs. 1, 1684 Abs. 1 Ziff. 1, 1686, 1679 Abs. 2 BGB. (elterliche Gewalt),

§§ 1884 Abs. 2, 1885 Abs. 2, 1915, 1921 Abs. 3 BGB. (Vormundschaft und Pflegschaft).

Auf dem Gebiete des Erbrechts vgl. auch § 1974 BGB. und § 26 Abs 4 Test.Ges.

2) Die Wahrscheinlichkeitsfeststellung ist historischer Art. Sie darf nicht mit der Schätzung eines streitigen Quantums verwechselt werden. Die Feststellung eines historischen Zeitpunktes ist nur möglich, wenn bestimmte Unterlagen vorhanden sind. Es ist also nicht angängig, die Todeserklärung eines kranken Zwillingsbruders auf den Zeitpunkt der Einlieferung in Auschwitz abzustellen, für den gleichzeitig eingelieferten gesunden Zwillingsbruder aber einen späteren Todeszeitpunkt anzunehmen (KG. v. 22. 4. 48 — 1 W 333/48 —).

3) Die Regelung des Abs. 3 greift Platz, wenn die Wahrscheinlichkeitsfeststellung des Abs. 2 versagt.

4) In den Fällen des § 3 ist als Zeitpunkt des Todes gemäß § 9 Abs. 3 das Ende des dritten anstatt des fünften Jahres nach Beginn der Verschollenheitsfrist nur dann festzustellen, wenn der Verschollene das 80. Lebensjahr bereits in dem Zeitpunkt vollendet gehabt hätte, in dem die Todeserklärung nach § 3 zuerst zulässig geworden ist (JFG., Bd. 21, S. 267).

5) Die Regelung in der Britischen Zone, wonach in den Fällen des § 7a (vgl. S. 18) in der Regel als Todestag der 8. 5. 45 festzustellen ist, weicht von der Regel des § 9 Abs. 2d, der den Beginn der Lebensgefahr maßgebend sein läßt, wesentlich ab, da der 8. 5. 45 in der Regel das Ende des lebensgefährlichen Zustandes bedeutete. Auch in den übrigen Zonen kann aber dieser Gedanke schon gemäß § 9 Abs. 2 auf Grund der Wahrscheinlichkeitsfeststellung berücksichtigt werden.

6) Das Gericht kann in der Regel den Zeitpunkt des Todes nur dem Tag nach feststellen. Feststellung nach kürzeren Zeitabschnitten ist auch nicht erforderlich, da insoweit ergänzend die Auslegungsregel des Abs. 4 gilt, deren Anwendung unanfechtbar ist.

§ 10

Solange ein Verschollener nicht für tot erklärt ist, wird vermutet, daß er bis zu dem im § 9 Abs. 3, 4 genannten Zeitpunkt weiter lebt oder gelebt hat[1]).

Aus der amtlichen Begründung des Gesetzes:

Aus der rechtlichen Ausgestaltung der Todeserklärung (vgl. zu § 9 Abs. 1) ergibt sich bereits eine — unselbständige — Lebensvermutung. Indem nämlich durch die Todeserklärung die Vermutung begründet wird, der Verschollene sei in einem bestimmten Zeitpunkt gestorben, ergibt sich gleichzeitig die weitere Vermutung, daß er bis zu diesem Zeitpunkt gelebt habe. Diese Rechtseinrichtung wird aber den Bedürfnissen des Rechtslebens allein nicht gerecht. Denn gerade in dem Zeitraum, in dem die Verschollenheit eben eingetreten, die Todeserklärung also noch nicht zulässig ist, erscheint eine gesetzliche Vermutung über das Leben oder den Tod des Verschollenen besonders notwendig. Außerdem berührt es eigenartig, daß von dem weiter hinausgeschobenen Zeitpunkt ab, in dem die Todeserklärung zulässig geworden ist, eine Lebensvermutung begründet werden kann, während vorher der kaum erbringbare Beweis des Lebens des Verschollenen erforderlich ist. Aus diesen Gründen hatten und haben verschiedene Rechtsordnungen, namentlich ältere deutsche Partikularrechte, selbständige Lebensvermutungen, die von der Todeserklärung und sogar von deren Voraussetzungen unabhängig sind. Ihnen ist der § 19 BGB. gefolgt, und daran schließt sich der § 10 des Gesetzes ohne sachliche Änderungen an.

Gelegentlich ist die Erweiterung dieser selbständigen Lebensvermutung in der Richtung gefordert worden, daß sie für alle Menschen gelten sollte, über deren Leben oder Tod keine Nachrichten vorliegen, daß also nicht erforderlich sein solle, daß der Betreffende bereits verschollen ist. Eine Abstellung der Voraussetzungen der Lebensvermutung auf die reine Nachrichtenlosigkeit ist aber nicht möglich. Denn solange sich aus der Nachrichtenlosigkeit noch keine Zweifel an dem Leben des „Abwesenden" ergeben, solange also der Tatbestand der Verschollenheit noch nicht begründet ist, besteht auch noch keine Notwendigkeit für die Aufstellung einer gesetzlichen Lebensvermutung. Nachrichtenlosigkeit kann aber auch vorliegen, wenn feststeht, daß der „Abwesende" gestorben ist; in diesem Falle wäre eine Lebensvermutung sogar falsch. Es muß daher daran festgehalten werden, daß Zweifel über das Leben oder den Tod dessen, über den keine Nachrichten vorhanden sind, bestehen, daß er also verschollen ist.

---

[1]) Die sogenannte selbständige Lebensvermutung des § 10 (im Gegensatz zu der unselbständigen Lebensvermutung, die sich indirekt aus § 9 für die

Zeit bis zur Todeserklärung ergibt) hat Bedeutung in den Fällen, in denen eine Todeserklärung noch nicht möglich oder nicht beantragt ist, und zwar insbesondere auf erbrechtlichem Gebiete gemäß § 1923 Abs. 1 BGB.: Erbe kann nur werden, wer zur Zeit des Erbfalles lebt. Voraussetzungen der Lebensvermutung sind Verschollenheit im Sinne von § 1 des Gesetzes und das Fehlen einer Todeserklärung, die den Zeitpunkt des Todes feststellt. Die Vermutung ist ebenso wie die des § 9 widerlegbar.

Der Zeitpunkt, bis zu dem die Lebensvermutung gilt, ist nur theoretisch nach § 9 Abs. 3—4 festzustellen. Die Wahrscheinlichkeitsfeststellung des Abs. 2 ist dem Todeserklärungsverfahren vorbehalten. Ereignet sich der Erbfall, an dem der Verschollene als Allein- oder Miterbe beteiligt ist, in der Zeit, für welche die Lebensvermutung gilt, so ist er Erbe geworden, und das Nachlaßgericht kann für den Verschollenen einen Erbschein erteilen, vorausgesetzt, daß die Annahme der Erbschaft feststeht (durch einen Abwesenheitspfleger). Nach Ablauf der Zeit der Lebensvermutung muß, wer aus dem Leben oder dem Tode des Verschollenen Rechte herleiten will, Leben oder Tod beweisen. Bei Erbfällen innerhalb dieser Zeit kann ein Erbschein, der den Verschollenen als Erben oder Miterben ausweist, nicht erteilt werden. Es muß nötigenfalls ein Nachlaßpfleger gemäß § 1960 BGB. bestellt werden (LG. Münster v. 17 1. 1947 — Monatsschrift für Dtsch. Recht, S. 199 —, KG v. 8. 3. 1906, JKG. Bd. 32, S. A 108).

Schließt der Verschollene eine andere Person von ihrem Erbrecht aus, so muß derjenige, dessen Erbrecht von dem Wegfall des Verschollenen abhängt, den Tod des Verschollenen beweisen, was grundsätzlich nur durch eine Todeserklärung möglich ist. Das Nachlaßgericht, das im Erbscheinsverfahren nach § 2359 BGB. zu entscheiden hat, kann u. U. den Tod des Verschollenen auch ohne Todeserklärung für festgestellt erachten (JKG. Bd. 35, S. A 150).

§ 11

Kann nicht bewiesen werden, daß von mehreren gestorbenen oder für tot erklärten Menschen der eine den anderen überlebt hat, so wird vermutet, daß sie gleichzeitig gestorben sind[1]).

Aus der Begründung des Gesetzes:

Auf allen Rechtsgebieten, vor allem auf dem des Erbrechts, ist in zahlreichen Fällen die Frage von Bedeutung, welche von zwei — oder mehreren — Personen, die gestorben sind oder deren Tod vermutet wird, vor der anderen gestorben ist. Verschiedene Rechtsordnungen haben den Versuch einer Lösung dieser Frage in Zweifelsfällen durch Aufstellung gewisser Vermutungen gemacht. Namentlich das römische Recht hat sehr ins einzelne gehende Regeln darüber aufgestellt, daß unter besonderen Umständen vermutet wird, daß bestimmte Personen andere überlebt haben. Die neueren Rechtsordnungen haben im allgemeinen die Aufstellung solcher Vermutungen abgelehnt, und die Ablehnung in die Form gekleidet, daß unter gewissen Voraussetzungen vermutet wird, daß mehrere Personen, von denen der Tod, aber nicht der Zeitpunkt des Todes feststeht, gleichzeitig gestorben sind. Eine von diesem Grundsatz ausgehende Regelung findet sich auch im § 20 BGB. Dort ist allerdings das Anwendungsgebiet dieser Vermutung dadurch stark eingeengt, daß sie nur gilt, wenn mehrere Personen nachweislich in einer gemeinsamen Gefahr umgekommen sind. Der praktische Wert der Vorschrift ist wegen dieser Einschränkung sehr gering. Sie ist im Schrifttum als unzureichend bezeichnet worden und steht auch im Gegensatz zu der in anderen europäischen Rechtsordnungen vorhandenen Regelung (vgl. namentlich das Österreichische, das Schweizerische, das Französische, das Spanische und das Italienische Recht). Deshalb sieht der § 11 des Gesetzes eine weitergehende Regelung vor, die sich auf alle Fälle erstreckt, in denen der Zeitpunkt des Todes wenigstens einer der beteiligten Personen nicht nachgewiesen werden kann. Sie will also sowohl gelten, wenn mehrere Personen nachweislich — gleichgültig, unter welchen Umständen — gestorben sind, der Zeitpunkt der verschiedenen Todesfälle oder wenigstens ihr zeitliches Verhältnis zueinander aber nicht festzustellen ist, als auch, wenn der Zeitpunkt des Todes einer beteiligten Person tatsächlich oder auf Grund einer durch eine Todeserklärung begründeten Vermutung feststeht, der Zeitpunkt des Todes einer anderen Person aber nicht feststellbar ist und für ihn auch keine Vermutung besteht.

---

[1]) Anwendungsfälle:

Kinderloses Ehepaar begeht gemeinschaftlich Selbstmord. Die Leichen werden erst nach einiger Zeit aufgefunden Die Eheleute hatten sich testamentarisch gegenseitig als Erben eingesetzt. Nach Maßgabe der Vermutung des § 11 kann keine Testamentserbfolge eintreten. Gesetzliche Erben des Ehemanns sind seine Verwandten, Erben der Ehefrau die ihrigen. Die Erben beispielsweise der Ehefrau können aber den Gesamtnachlaß für sich beanspruchen, wenn sie beweisen, daß die Ehefrau ihren Mann, wenn auch nur eine geringe Zeitspanne, überlebt hat.

Der Ehemann wird auf Grund des § 4 Abs. 2 für tot erklärt. Als Zeitpunkt seines Todes wird gemäß § 9 der Tag festgestellt, an dem er vermißt ist. Ehefrau und Kinder verunglücken tötlich auf der Flucht aus Ostpreußen. Der Zeitpunkt ihres Todes ist nicht feststellbar. Die Vermutung des § 11 greift Platz, wenn das zeitliche Verhältnis zwischen dem vermuteten Zeitpunkt des Todes des Ehemanns und dem möglichen oder wahrscheinlichen Zeitpunkt des Todes des Ehefrau und des Kindes zweifelhaft ist.

Sind zwei Brüder, die in ein Konzentrationslager verschleppt sind, verschollen, sind sie gemäß § 7 für tot erklärt und ist für beide der gleiche Zeitpunkt des Todes festgestellt, so ist für die Anwendung des § 11 kein Raum, da durch die Todeserklärungen beider bewiesen ist, daß sie im gleichen Zeitpunkt gestorben sind. Ein Gegenbeweis dahin, daß der eine den anderen überlebt hat, ist m. E. trotzdem denkbar. Logisch richtiger muß aber der Gegenbeweis gegen die Richtigkeit des Todeszeitpunktes bei demjenigen der Brüder geführt werden, aus dessen Überleben ein Dritter Rechte herleiten will.

Im übrigen bedarf es, um die Vermutung des § 11 zu widerlegen, nur des Nachweises des Überlebens eines der mehreren gestorbenen oder für tot erklärten Menschen; auf den genauen Zeitpunkt des Todes des Überlebenden braucht sich der Nachweis nicht zu erstrecken.

Abschnitt II

Zwischenstaatliches Recht

§ 12[1])

(1) Ein Verschollener kann im Inland nach diesem Gesetz für tot erklärt werden, wenn er in dem letzten Zeitpunkt, in dem er nach den vorhandenen Nachrichten noch gelebt hat, deutscher Staatsangehöriger war.

(2) War der Verschollene in dem nach Abs. 1 maßgebenden Zeitpunkt Angehöriger eines fremden Staates, so kann er im Inland nach diesem Gesetz mit Wirkung für die Rechtsverhältnisse, welche nach deutschem Recht zu beurteilen sind, und mit Wirkung für das im Inland befindliche Vermögen für tot erklärt werden; ein Gegenstand, für den von einer deutschen Behörde ein zur Eintragung des Berechtigten bestimmtes Buch oder Register geführt wird, sowie ein Anspruch, für dessen Geltendmachung ein deutsches Gericht zuständig ist, gilt als im Inland befindlich.

(3) War der Verschollene in dem nach Abs. 1 maßgebenden Zeitpunkt Angehöriger eines fremden Staates, so kann er ohne die im Abs. 2 genannte Beschränkung im Inland auf Antrag seiner Ehefrau für tot erklärt werden, wenn diese im Inland ihren Wohnsitz hat und deutsche Staatsangehörige ist oder bis zu ihrer Verheiratung mit dem Verschollenen war.

Britische Zone: Art. 4 der VO. zur Ergänzung des Ges. über die Verschollenheit usw. v. 16. 12. 1946:

§ 12 erhält folgenden Abs. 4:

(4) Besaß der Verschollene früher die deutsche Staatsangehörigkeit und hat er diese verloren, ohne eine andere Staatsangehörigkeit zu erwerben, so kann er ohne das Vorliegen der Voraussetzungen der Absätze 2 und 3 für tot erklärt werden, falls glaubhaft gemacht wird, daß ein berechtigtes Interesse an der Todeserklärung durch ein deutsches Gericht besteht.

Aus der Begründung des Gesetzes:

Den Grundsätzen des deutschen zwischenstaatlichen Privatrechts entsprechend ist die Anwendbarkeit der §§ 13ff. BGB. auf deutsche Staatsangehörige beschränkt (Art. 9 EGBGB.). Nür für einige Sonderfälle, in denen die deutsche Rechtsordnung aus besonderen Gründen auch an dem rechtlichen Schicksal eines Ausländers interessiert ist, ermöglichen die Abs. 2 und 3 des Art. 9 EGBGB. eine erweiterte Anwendung des deutschen Verschollenheitsrechts. Von diesen Bestimmungen hat sich der Art. 9 Abs. 3 EGBGB. insofern als unvollkommen und nicht ausreichend erwiesen, als er für die Anwendbarkeit des deutschen Verschollenheitsrechts voraussetzt, daß der verschollene ausländische Ehemann seinen letzten Wohnsitz im Inlande gehabt haben muß, und daß die Ehefrau „im Inlande zurückgeblieben oder dahin zurückgekehrt“ sein muß. Die deutsche Rechtsordnung darf aber auch solchen deutschen Ehefrauen ihre Unterstützung nicht versagen, die früher keinen Wohnsitz im Deutschen Reich gehabt haben und dorthin erst gekommen sind, nachdem ihr Ehemann verschollen war; das hat sich besonders deutlich bei den Volksdeutschen gezeigt, die aus Rußland und seinen Nachfolgestaaten nach Deutschland gekommen sind. Andererseits ist es für die Anwendbarkeit des deutschen Rechts nicht erforderlich, daß der verschollene Ehemann seinen letzten Wohnsitz im Inlande gehabt habe. Das Interesse der deutschen Rechtsordnung an der Regelung eines Rechtsverhältnisses kann nicht durch den Wohnsitz des Verschollenen, sondern nur dadurch begründet werden, daß die Ehefrau Deutsche ist und im Inlande ihren Wohnsitz hat. — Der § 12 des Gesetzes läßt aus diesen Gründen die einengenden Voraussetzungen des Art. 9 Abs. 3 EGBGB. fallen.

---

[1]) Die Rechtsfähigkeit eines Menschen richtet sich nach seinem Personalstatut, d. h. in der Regel nach seinem Heimatrecht. Daher richtet sich auch die Todeserklärung nach dem Heimatrecht. Feststellung der Staatsangehörigkeit des Verschollenen bei der Einleitung des Aufgebotsverfahrens (aber auch des Verfahrens nach § 39) daher erforderlich. Nach Abs. 1 genügt der Nachweis bzw. die Glaubhaftmachung der Staatsangehörigkeit in dem letzten bekannten Zeitpunkt des Lebens des Verschollenen.

Abs. 2 u. 3 enthalten Ausnahmen, unter denen deutsches Verschollenheitsrecht auf Ausländer angewandt werden kann. (Bisher § 9 EGBGB., aufgehoben durch § 46 Abs. 1b.)

Abschnitt III

Verfahren bei Todeserklärungen

Aus der Begründung des Gesetzes:

Wegen seiner Regelung im Rahmen der Zivilprozeßordnung muß das Aufgebotsverfahren zum Zwecke der Todeserklärung nach dem bisherigen Rechtszustande als eine Angelegenheit der streitigen Gerichtsbarkeit betrachtet werden. Es besteht jedoch kein Zweifel, daß diese Regelung dem Wesen des Verfahrens nicht gerecht wird, da es sich grundsätzlich nicht um einen Streit zwischen verschiedenen Parteien handelt. Das Verfahren zur Todeserklärung, das eine allgemeingültige Gestaltung von Rechtsverhältnissen zum Ziele hat, gehört seinem Wesen nach vielmehr zu den Angelegenheiten der freiwilligen Gerichtsbarkeit. Dieser Gedanke ist schon dem geltenden Recht nicht völlig fremd, und es hat deshalb die allgemeinen Regeln des Prozeßrechts auf diesem Sondergebiet durch verschiedene Einzelvorschriften, die den Grundsätzen der freiwilligen Gerichtsbarkeit entstammen, zurückgedrängt. Am deutlichsten tritt dies in dem § 968 ZPO. hervor, der dem Gericht die Pflicht zur Ermittlung des Sachverhalts von Amts wegen auferlegt.

Das Gesetz löst dieser auch im Schrifttum verbreiteten Auffassung folgend das Verfahren zur Todeserklärung aus dem Rahmen der streitigen Gerichtsbarkeit, unterstellt es den Vorschriften der freiwilligen Gerichtsbarkeit und ermöglicht so seine zweck- und wesensgemäßere Ausgestaltung. Dabei bleibt das Verfahren weiterhin ein Aufgebotsverfahren, weil dadurch am besten die meistens erwünschte Mitwirkung einer breiten Öffentlichkeit an der Ermittlung des Sachverhalts sichergestellt und dem Interesse der Allgemeinheit an der Beseitigung der durch das Verschwinden eines Menschen begründeten Zweifel an seinem Fortleben gedient wird.

Der auffälligste Mangel des bisherigen Verfahrens besteht darin, daß eine sachlich unrichtige Todeserklärung nur in sehr beschränktem Umfang wieder beseitigt werden kann. Es sind wiederholt auch in der Tagespresse Fälle erörtert worden, in denen ein zurückgekehrter Verschollener nicht die Möglichkeit hatte, seine Todeserklärung wieder aufheben zu lassen. Wenn auch die Todeserklärung nur eine jederzeit widerlegbare Todesvermutung begründet, so stellt dieser Rechtszustand doch eine erhebliche Benachteiligung des Zurückgekehrten insofern dar, als er in zahlreichen Einzelfällen jene Vermutung immer von neuem widerlegen und insbesondere seine Identität mit dem für tot Erklärten beweisen mußte. Dieser Nachteil wird dadurch besonders auffällig, daß eine auf formelle Mängel des Aufgebotsverfahrens gestützte Anfechtungsklage gegen das Ausschlußurteil unter Umständen noch zehn Jahre nach Erlaß des Ausschlußurteils, eine auf die sachliche Unrichtigkeit der Todeserklärung gestützte Anfechtungsklage aber nur binnen Monatsfrist erhoben werden kann (§§ 958 Abs. 2, 976 ZPO.). Dem Vorbilde der Verordnung über die Todeserklärung Kriegsverschollener entsprechend sieht deshalb das Gesetz die Möglichkeit vor, eine Todeserklärung ohne Rücksicht auf den Ablauf irgendeiner Frist aufzuheben, wenn der Verschollene sie überlebt hat (§§ 30 ff.). Dagegen soll die Geltendmachung formeller Mängel des Aufgebotsverfahrens nur im Wege der fristgebundenen sofortigen Beschwerde möglich sein (§ 26 d. Gesetzes, § 22 RFGG.). Das Gesetz glaubt dadurch dem Wertverhältnis der verschiedenen Aufhebungsgründe besser gerecht zu werden, als es das bisherige Recht tat.

Der Erwägung, daß die Todeserklärung eine im Interesse der Allgemeinheit und der zurückgelassenen Angehörigen des Verschollenen geschaffene Rechtseinrichtung ist, trägt das Gesetz durch die Erweiterung des Kreises der Antragsberechtigten Rechnung (§ 16 Abs. 2). Zur Wahrung des Allgemeininteresses an der Klärung der Rechtslage des Verschollenen ist das Antragsrecht des Staatsanwalts eingeführt. Neu ist auch das an keine besonderen Voraussetzungen gebundene Antragsrecht bestimmter Angehöriger des Verschollenen (§ 16 Abs. 2c); es wird dadurch klargestellt, daß nicht in erster Linie vermögensrechtliche Verknüpfungen mit dem Verschollenen die Befugnisse verleihen, eine Klarstellung seines Lebens oder Todes herbeizuführen, sondern daß die Verknüpfung durch das Band der Familienzugehörigkeit vor allem zu berücksichtigen ist.

Die Zivilprozeßordnung schreibt — von Ausnahmefällen abgesehen (vgl. § 966 ZPO.) — die öffentliche Bekanntmachung des Aufgebots durch Einrückung in den Deutschen Reichsanzeiger und durch Anheftung an die Gerichtstafel zwingend vor (§ 948 ZPO.). Beide Publikationsmittel erscheinen für das Todeserklärungsverfahren nicht immer zweckmäßig. Die Veröffentlichung des Aufgebots im Deutschen Reichsanzeiger hat für das Aufgebot von Wertpapieren u. dgl., für das sie in erster Linie bestimmt ist, ihren guten Grund, weil diese Zeitung von den Kreisen, die für solche Aufgebote besonderes Interesse haben, verfolgt wird; für das Aufgebot eines Verschollenen ist eine solche Veröffentlichung aber fast bedeutungslos, weil sie doch kaum in die Kreise dringt, deren Mitarbeit an der Aufklärung des Sachverhalts erwünscht ist. Auch der Anheftung des Aufgebots an die Gerichtstafel kommt nur eine beschränkte Publizitätswirkung zu. Das Gesetz stellt das Gericht weitgehend von dem Zwange frei, das Aufgebot in einer bestimmten Form öffentlich bekanntzumachen. Das Gericht soll die Möglichkeit haben, in jedem Einzelfall die Form der Veröffentlichung zu wählen, die den Besonderheiten gerade dieses Falles am besten gerecht wird (§ 20 Abs. 2). Wenn in dem Abs. 1 des § 20 gleichwohl die Veröffentlichung des Aufgebots in einer Tageszeitung grundsätzlich zwingend vorgeschrieben wird, so ist dies geschehen, um für den Fristenlauf eine sichere Berechnungsgrundlage zu schaffen (vgl. § 21 Abs. 1); es ist dabei auch zu berücksichtigen, daß das Gericht bei der Auswahl dieser Tageszeitung völlig freie Hand hat, daß es insbesondere in geeigneten Fällen auch eine ausländische Zeitung wählen kann.

Bei den Erörterungen über die Bemessung der Verschollenheitsfristen ist darauf hingewiesen worden, daß für die besonderen Verschollenheitstatbestände grundsätzlich eine Abkürzung der Fristen gegenüber der Regelung des Bürgerlichen Gesetzbuches vertretbar und geboten ist. Eine solche Verkürzung der Fristen wäre aber eine unvollkommene Maßnahme, wenn sie vor der grundsätzlich auf sechs Monate bemessenen Aufgebotsfrist des geltenden Rechts (§ 965 ZPO.) Halt machte. Andererseits ist schon gesagt worden, daß die Bemessung der Aufgebotsfrist das Mittel darstellt, um eine vorzeitige Todeserklärung auszuschließen, wenn im Einzelfall nach Ablauf der für die Einleitung des Verfahrens maßgebenden Verschollenheitsfristen noch keine erheblichen Zweifel an dem Leben des Verschollenen bestehen. Das Gericht muß daher auch hier eine größere Freiheit haben als nach dem geltenden Recht. Deshalb bemißt der § 21 Abs. 1 die einzuhaltende Mindestfrist sehr kurz auf sechs Wochen; die darauf folgenden Bestimmungen und der § 18 Abs. 1 RFGG. stellen aber klar, daß das Gericht die Aufgebotsfrist in jedem Fall den besonderen Umständen anpassen und sie gegebenenfalls — auch mehrmals — verlängern kann. Der § 21 Abs. 2 soll dabei dem Vorschlage der Akademie für Deutsches Recht entsprechend verhindern, daß etwa die Frist ohne zwingende Gründe übermäßig weit erstreckt wird.

Die Herausnahme des Aufgebotsverfahrens zur Todeserklärung aus dem Rahmen der Zivilprozeßordnung macht die Einführung besonderer Kostenbestimmungen erforderlich. Sie sind in den §§ 34 bis 38 enthalten und lehnen sich an das Vorbild der Art. 9 bis 14 des Preuß. FGG. an, berücksichtigen aber die inzwischen allenthalben erfolgte Übertragung von Zuständigkeiten vom Richter auf den Urkundsbeamten der Geschäftsstelle.

§ 13

(1) Das Aufgebotsverfahren nach § 2 ist eine Angelegenheit der freiwilligen Gerichtsbarkeit.

(2) Es gelten dafür die besonderen Vorschriften der §§ 14 bis 38.

§ 14

Für das Aufgebotsverfahren sind die Amtsgerichte sachlich zuständig.

Aus der amtlichen Begründung des Gesetzes:

Durch die Bestimmung, daß das Aufgebotsverfahren nach § 2 eine Angelegenheit der freiwilligen Gerichtsbarkeit ist, und die Bestimmung, durch welche die sachliche Zuständigkeit der Gerichte begründet wird, werden einmal die allgemeinen Vorschriften des Reichsgesetzes über die Angelegenheiten der freiwilligen Gerichtsbarkeit für anwendbar erklärt, soweit nicht in den folgenden Paragraphen etwas Abweichendes festgelegt ist (§ 1 RFGG.). Zweitens werden die Vorschriften der Kostenordnung anwendbar (vgl. § 1 KostO.). Schließlich ergibt sich aus diesen Bestimmungen die Zuständigkeit des Kammergerichts und des Oberlandesgerichts München für die Entscheidung über die weitere Beschwerde (VO. d. RJM. über die Zuständigkeit der Oberlandesgerichte in Angelegenheiten der freiwilligen Gerichtsbarkeit und der Kostenordnung vom 23. März 1936 — RGBl. I S. 251—).

§ 15[1])

(1) Örtlich zuständig ist das Gericht, in dessen Bezirk der Verschollene seinen letzten inländischen Wohnsitz hatte.

(2) Ist die Verschollenheit durch den Untergang eines in einem deutschen Schiffsregister eingetragenen Schiffes oder eines deutschen Kriegsschiffes begründet, so ist an Stelle des in Abs. 1 genannten Gerichts das Gericht des Heimathafens oder Heimatortes oder Hauptliegehafens zuständig.

(3) Ist die Verschollenheit bei einem Fluge eingetreten, so ist das Amtsgericht Berlin zuständig[2]). Das gleiche gilt, wenn ein Gerichtsstand nach Abs. 1 oder 2 nicht begründet ist.

(4) Das nach Abs. 2 der 3 zuständige Gericht kann jedoch die Sache aus wichtigen Gründen an ein anderes Gericht abgeben; die Abgabeverfügung ist für dieses Gericht bindend.

(5) Ist anzunehmen, daß mehrere Personen infolge desselben Ereignisses verschollen sind, so kann der Reichsminister der Justiz das für alle Todeserklärungen zuständige Gericht bestimmen[3]), sofern nicht nach Abs. 2 oder 3 bereits eine einheitliche Zuständigkeit begründet ist. Ist der Antrag bei einem hiernach nicht zuständigen Gericht gestellt, so ist er an das zuständige Gericht abzugeben.

Britische Zone: Art 5 der VO. zur Ergänzung des Ges. über die Verschollenheit usw. v. 16. 12. 1946:

Hinter § 15 ist nachstehende Vorschrift als § 15a einzufügen:

§ 15a

(1) Ist das nach § 15 zuständige Gericht nicht erreichbar oder ist Gewißheit darüber nicht zu erlangen, ob es in Tätigkeit ist, so ist jedes Amtsgericht zuständig, in dessen Bezirk der erste Antragsteller seinen Wohnsitz, oder in Ermängelung eines Wohnsitzes seinen Aufenthalt hat.

(2) Ein Amtsgericht darf auf Grund des Abs. 1 nur dann tätig werden, wenn es zuvor dem Amtsgericht in Hannover angezeigt hat, daß es beabsichtigt, das Aufgebotsverfahren zum Zwecke der Todeserklärung durchzuführen und wenn das Amtsgericht in Hannover bestätigt hat, daß eine frühere Anzeige gleichen Inhalts von einem anderen Amtsgericht bei ihm nicht eingelaufen ist.

Französische Zone: § 2 der Badischen Landesverordnung v. 7.3.47 (ABl. S. 43), § 2 der Landesverordnung für Rheinland-Pfalz v. 8.4 47 (VBl. S. 138) und § 2 der Rechtsanordnung für Württemberg-Hohenzollern v. 14. 2. 47 Reg.Bl. S. 23), sämtlich gleichlautend:

Besteht am Sitze des nach § 15 des Verschollenheitsgesetzes zuständigen Gerichts keine deutsche Gerichtsbarkeit, so ist für die Todeserklärung jedes Amtsgericht zuständig, in dessen Bezirk der Antragsteller seinen Wohnsitz oder, in Ermangelung eines Wohnsitzes, seinen Aufenthalt hat.

Aus der amtlichen Begründung des Gesetzes:

Abs. 1 hält grundsätzlich die bisherige Regelung der örtlichen Zuständigkeit (§ 961 Satz 1 ZPO.) aufrecht. Sind durch dasselbe Ereignis mehrere Personen in Verschollenheit geraten, so kann sich diese Vorschrift jedoch insofern als nicht ausreichend erweisen, als sie keinen Schutz dagegen bietet, daß die mehreren als Wohnsitzgerichte zuständigen Gerichte die gleichliegenden Tatbestände unterschiedlich beurteilen und vor allem bei der Feststellung des Todeszeitpunktes zu verschiedenen Ergebnissen gelangen. Dieser Gefahr will das Gesetz dadurch begegnen, daß es in solchen Fällen die Zuständigkeit eines einzigen Gerichts für alle dabei in Betracht kommenden Todeserklärungen begründet. Der Abs. 5 dient ausschließlich diesem Zweck; bei der Schaffung des Abs. 2 war daneben die Erwägung maßgebend, daß im Heimathafen oder Heimatort oder Hauptliegehafen des Schiffes in erster Linie die Möglichkeit besteht, Nachrichten über das Schicksal des untergegangenen oder verschollenen Schiffes zu erhalten; dabei mußte das Gericht des Heimatortes und des Hauptliegehafens dem des Heimathafens an die Seite gestellt werden, weil gelegentlich auch Binnenschiffe auf See fahren und weil Kriegsschiffe keinen Heimathafen im technischen Sinne haben.

Abs. 3 S. 1 ermöglicht es, besondere Erfahrungen auf dem neuartigen Gebiet der Luftverschollenheit bei einem Gericht zu sammeln und die durch die Vermittlung des Staatsanwalts (vgl. § 22) herbeizuführende Mitarbeit des Reichsluftfahrtministeriums zu erleichtern. — Für Verschollenheitsfälle, für die eine Zuständigkeit durch das Gesetz nicht begründet ist, sah § 961 Satz 2 ZPO. die Bestimmung des zuständigen Gerichts durch allgemeine Anordnungen der Justizverwaltung vor. Abs. 3 Satz 2 des § 15 vereinigt diese Vorschrift mit den darauf beruhenden Anordnungen, indem er für diese Fälle die Zuständigkeit des Amtsgerichts Berlin festlegt.

Es ist im Einzelfalle denkbar, daß der Verschollene zu dem Orte, an dem sich das nach Abs. 2 oder 3 zuständige Gericht befindet, keinerlei Beziehungen gehabt hat und daß auch die für die Schaffung des Abs. 2 und Abs. 3 S. 1 maßgebenden Gesichtspunkte nicht zutreffen. Für diese Fälle eröffnet Abs. 4 dem in erster Linie zuständigen Gericht die Möglichkeit einer Abgabe der Sache an ein anderes Gericht, zu dessen Bezirk der Verschollene nähere Beziehungen gehabt hat.

---

[1]) Die Zuständigkeitsregelung des § 15 Abs. 1 bzw. Abs. 2 ist in zahlreichen Fällen gegenstandslos geworden, da das betr. zuständige Amtsgericht nicht mehr innerhalb der jetzigen deutschen Grenzen liegt. Es ist praktisch nicht durchführbar, in allen diesen Fällen gemäß Abs. 3 S. 2 die Zuständigkeit des Amtsgerichts Berlin anzunehmen, selbst wenn dieses Gericht die Sache regelmäßig an ein anderes Gericht, z. B. das des Wohnorts des Antragstellers abgeben und sich auf die Kontrolle zur Vermeidung von Doppelverfahren beschränken würde. Bereits die AV. d. RJM. v. 20. 11. 1944 (Dtsch. Just. S. 289) betr. Rechtsangelegenheiten aus Freimachungsgebieten verwies deshalb auf § 7 FGG., wonach gerichtliche Handlungen nicht aus dem Grunde unwirksam sind, weil sie von einem örtlich unzuständigen Gericht vorgenommen sind, und bestimmte in Angelegenheiten der freiwilligen Gerichtsbarkeit notfalls die Zuständigkeit des Amtsgerichts des Wohnsitzes oder Aufenthalts des Antragstellers als zuständiges Gericht, wenn das zuständige Gericht nicht zu erreichen war. Dieser Gesichtspunkt, der auch für den in der britischen Zone geltenden § 15a und für die Regelung in der französischen Zone bestimmend gewesen ist, dürfte allgemeine Gültigkeit besitzen.

[2]) Die besondere Zuständigkeit des Amtsgerichts Berlin nach Abs. 3 bei der sogen. Flugverschollenheit wird zwar noch in der sowjetischen Besatzungszone beachtet, ist aber insofern überholt, als die in der amtlichen Begründung betonte Mitarbeit des Reichsluftfahrtministeriums weggefallen ist.

[3]) Gegenstandslos, doch wird dafür die betr. Landesjustizverwaltung in geeigneten Fällen das zuständige Gericht bestimmen können.

§ 16

(1) Das Aufgebotsverfahren wird nur auf Antrag eingeleitet.

(2) Den Antrag können stellen:

a) der Staatsanwalt[1]);

b) der gesetzliche Vertreter des Verschollenen[2]);

c) der Ehegatte, die ehelichen und die ihnen rechtlich gleichgestellten[3]) Abkömmlinge und die Eltern des Verschollenen sowie jeder andere, der ein rechtliches[4]) Interesse an der Todeserklärung hat.

(3) Der gesetzliche Vertreter kann den Antrag nur mit Genehmigung des Vormundschaftsgerichts stellen.

(4) Im Falle des § 12 Abs. 3 kann nur die Ehefrau den Antrag stellen.

Aus der amtlichen Begründung des Gesetzes:

Wenn auch die Todeserklärung vorwiegend im Interesse der Allgemeinheit liegt, so erscheint es doch nicht zweckmäßig, dem Gericht die Einleitung des Verfahrens von Amts wegen aufzugeben. Denn bei einer solchen Regelung hätte es ins einzelne gehender Vorschriften darüber bedurft, auf welche Weise das Gericht über die eingetretenen Verschollenheitsfälle unterrichtet werden soll. Abs. 1 hält daher an dem bisherigen Grundsatz fest, daß das Aufgebotsverfahren nur auf Antrag eingeleitet wird. Das Interesse der Allgemeinheit an der Todeserklärung Verschollener ist hinreichend durch das neu eingeführte Antragsrecht des Staatsanwalts gewahrt.

---

[1]) Die Staatsanwaltschaft bei dem Landgericht, das dem für die Todeserklärung zuständigen Amtsgericht übergeordnet ist. Vgl. AV. d. RJM v. 11. 7. 1939, abgedr. Dtsch. Just. S. 1206.

[2]) Der Vater, gegebenenfalls die Mutter eines minderjährigen ehelichen Kindes (§§ 1630, 1684 BGB.), der Vormund eines unehelichen, eines elternlosen minderjährigen ehelichen Kindes (§§ 1707, 1773 BGB.), der an Kindesstatt Annehmende, solange der Angenommene minderjährig (§ 1757), der Vormund eines Entmündigten (§ 1896), auch der Abwesenheitspfleger (§ 1911) (RGZ. Bd. 74 S. 327). Ob ein Nachlaßpfleger, der nach RGZ. Bd. 76 S. 125 als gesetzlicher Vertreter der Erben hinsichtlich der Erhaltung und Verwaltung des Nachlasses ist, als solcher z. B. hinsichtlich eines Miterben antragsberechtigt ist, kann zweifelhaft sein. Der Testamentsvollstrecker ist nicht gesetzlicher Vertreter der Erben.

[3]) Durch nachfolgende Eheschließung der Eltern oder durch Verfügung der Staatsgewalt legitimierte und angenommene Kinder und Kindeskinder (§§ 1719, 1736, 1757 BGB.).

[4]) Rechtliches Interesse setzt Rechtsbeziehungen zwischen dem Verschollenen und dem Antragsteller voraus, welche die Klärung der Frage verlangen, ob der Verschollene als tot anzusehen ist. Wirtschaftliches oder gesellschaftliches Interesse genügen nicht. Rechtliches Interesse an der Todeserklärung des geschiedenen Ehegatten ist vom Landgericht Berlin bei einer Katholikin anerkannt worden, die eine neue Ehe eingehen wollte, diese aber nach Kirchenrecht nur im Falle des Todes des Verschollenen schließen konnte. (Entsch v. 3. 3. 48, Jur. Rundschau S. 197.)

§ 17

Jeder Antragsberechtigte kann neben dem Antragsteller oder an dessen Stelle in das Verfahren eintreten. Durch den Eintritt erlangt

er die rechtliche Stellung eines Antragstellers. Der Eintritt ist auch zur Einlegung eines Rechtsmittels zulässig.[1])

Aus der amtlichen Begründung des Gesetzes:

Der § 17 entspricht in vollem Umfang dem § 967 ZPO.; zur Klarstellung ist noch der Satz angefügt, daß der Eintritt in das Verfahren auch zur Einlegung eines Rechtsmittels zulässig ist.

---

[1]) Der Eintritt kann auch zu dem Zwecke erfolgen, eine Todeserklärung zu verhindern, wenn sie von einem anderen Antragsberechtigten betrieben wird.

§ 18

Vor der Einleitung des Verfahrens hat der Antragsteller die zur Begründung des Antrags erforderlichen Tatsachen glaubhaft[1]) **zu machen.**

Britische Zone: Art. 6 der VO. zur Ergänzung des Ges. über die Verschollenheit usw. v. 16. 12. 1946:

§ 18 erhält folgenden Abs. 2:

(2) In den Fällen des § 7a ist dem Staatsanwalt nach Eingang des Antrages Gelegenheit zur Äußerung zu geben.

---

[1]) Glaubhaft machen heißt die Wahrscheinlichkeit nachweisen, so daß die Einleitung des Verfahrens gerechtfertigt ist. Der in § 41 geforderte Nachweis, daß der Tod den Umständen nach nicht zweifelhaft ist, bedingt einen exakten Tatsachenbeweis. Die Glaubhaftmachung bezieht sich in erster Linie auf die Tatsachen, von denen die Todeserklärung abhängt. Die Antragsberechtigung und gegebenenfalls das rechtliche Interesse müssen ebenfalls glaubhaft gemacht werden. Mittel der Glaubhaftmachung: Urkunden (Briefe, amtliche Mitteilungen u. a.), eidesstattliche Versicherungen — § 15 Abs. 2 FGG. —.

§ 19

(1) Ist der Antrag zulässig, so hat das Gericht das Aufgebot zu erlassen[1])**.**

(2) In das Aufgebot ist insbesondere aufzunehmen:

a) die Bezeichnung des Antragstellers;

b) die Aufforderung an den Verschollenen, sich bis zu einem bestimmten Zeitpunkt zu melden, widrigenfalls er für tot erklärt werden könne;

c) die Aufforderung an alle, die Auskunft über den Verschollenen geben können, dem Gericht bis zu dem nach b) bestimmten Zeitpunkt Anzeige zu machen.

Britische Zone: Art. 7 der VO. zur Ergänzung des Ges. über die Verschollenheit usw. v. 16. 12. 1946:

§ 19 erhält folgenden Abs. 3:

(3) In den Fällen des § 7a findet ein Aufgebot nicht statt.

Aus der amtlichen Begründung des Gesetzes:

Die geringfügigen Änderungen, die § 19 gegenüber dem bisherigen Rechtszustand (vgl. § 947 Abs. 2 und § 964 ZPO.) bringt, erklären sich daraus, daß in einem nach den Grundsätzen der freiwilligen Gerichtsbarkeit ausgestalteten Verfahren ein Aufgebotstermin nicht mehr zwingend vorgeschrieben ist. Dadurch ist jedoch dem Gericht nicht die Möglichkeit genommen, in geeigneten Fällen gleichwohl mit den Beteiligten vor Erlaß der Todeserklärung mündlich zu verhandeln.

---

[1]) VO. v 20. 1 1943 (RGBl. I S. 66): (wohl nicht mehr als gültig anzusehen).

§ 1. Soll ein Verschollener, der an dem gegenwärtigen Kriege als Angehöriger der bewaffneten Macht des Deutschen Reiches oder eines mit ihm verbündeten oder befreundeten Staates teilgenommen oder sich bei ihr aufgehalten hat, auf Grund des § 4 Abs. 2 des Verschollenheitsgestzes für tot erklärt werden, so findet ein Aufgebot nicht statt.

§ 2. (1) Nach Eingang des Antrags ist in jedem Falle dem Staatsanwalt, vor der Entscheidung dem Antragsteller und dem Staatsanwalt Gelegenheit zur Äußerung zu geben.

(2) Im übrigen sind auf das Verfahren die §§ 13 bis 18 und 23 bis 38 des Verschollenheitsgeseztes sinngemäß anzuwenden.

§ 20

(1) Das Aufgebot muß durch eine Tageszeitung öffentlich bekanntgemacht werden[1]).

(2) Das Gericht kann anordnen, daß das Aufgebot daneben in anderer Weise, insbesondere durch Rundfunk, öffentlich bekanntgemacht werde. Das Aufgebot soll an die Gerichtstafel angeheftet werden.

(3) Stehen überwiegende Gründe der öffentlichen Ordnung der Bekanntmachung des Aufgebots durch eine Tageszeitung entgegen, so hat das Gericht davon abzusehen[2]); in diesem Falle muß das Aufgebot durch Anheftung an die Gerichtstafel öffentlich bekanntgemacht werden.

Aus der amtlichen Begründung des Gesetzes:

Für den Regelfall (Abs. 1 und 2) bleibt die Anheftung des Aufgebots an die Gerichtstafel trotz ihrer geringen Publizitätswirkung weiterhin vorgeschrieben wegen ihrer Bedeutung, die sie als Hinweis auf die Wichtigkeit der Angelegenheit für alle Beteiligten und für das Gericht selbst hat. Für den Sonderfall des Abs. 3 ist sie zwingend angeordnet, weil sie hier als Grundlage für die Berechnung des Fristenlaufs gegenüber denen dienen muß, die an dem Verfahren sachlich, aber nicht formell beteiligt sind (vgl. §§ 21 Abs. 1 S. 2, 24 Abs. 3).

---

[1]) Von der Bekanntmachung des Aufgebots in einer Tageszeitung (§ 20 Abs. 1 des Verschollenheitsgesetzes) kann abgesehen werden, **wenn es sich um einen Fall der Kriegsverschollenheit (§ 4 des Verschollenheitsgesetzes) auf Grund des gegenwärtigen Krieges handelt.** In diesem Falle muß das Aufgebot durch Anheftung an die Gerichtstafel öffentlich bekanntgemacht werden. (§ 1 d. VO. v. 17. 1. 1942 RGBl. I S. 31.)

[2]) Gedacht war an Fälle, in denen sich die Bekanntmachung des Aufgebots durch eine Tageszeitung aus Gründen der Landesverteidigung verbot. Überholt.

§ 21

(1) Zwischen dem Tage, an dem das Aufgebot zum ersten Male durch eine Tageszeitung öffentlich bekanntgemacht ist, und dem nach § 19 Abs. 2b bestimmten Zeitpunkt muß eine Frist (Aufgebotsfrist) von mindestens sechs Wochen liegen. Ist das Aufgebot nicht durch eine Tageszeitung bekanntgemacht (§ 20 Abs. 3), so beginnt die Aufgebotsfrist mit Ablauf des Tages, an dem das Aufgebot an die Gerichtstafel angeheftet ist.

(2) Die Aufgebotsfrist soll, wenn nicht besondere Gründe vorliegen, nicht mehr als ein Jahr betragen.

(3) Ist das Aufgebot öffentlich bekanntgemacht, so kann die Aufgebotsfrist nicht mehr abgekürzt werden.

Aus der amtlichen Begründung des Gesetzes:

Nach §§ 18ff. RFGG. könnte sowohl das Amtsgericht als auch ein Beschwerdegericht grundsätzlich die Aufgebotsfrist nachträglich ändern, also verlängern oder verkürzen. Die nachträgliche Verkürzung einer bereits öffentlich bekanntgemachten Aufgebotsfrist würde aber leicht zu einer Ungewißheit über ihre wirkliche Dauer im Publikum führen können. Sie wird deshalb durch Abs. 3 ausdrücklich verboten; dies Verbot gilt auch für das Beschwerdegericht.

§ 22

Vor der Bekanntmachung des Aufgebots ist in jedem Falle dem Staatsanwalt, vor der Entscheidung dem Antragsteller und dem Staatsanwalt Gelegenheit zur Äußerung zu geben.

Aus der amtlichen Begründung des Gesetzes:

Neben seiner eigenen Ermittlungstätigkeit liegt dem Staatsanwalt die Vermittlung der erwünschten oder notwendigen Mitwirkung sachkundiger Stellen, insbesondere der Dienststellen *der Wehrmacht, der Luftfahrtverwaltung* und der Polizei, an dem Todeserklärungsverfahren ob. Außerdem wird nur durch die Einschaltung des Staatsanwalts in das Verfahren die sachgemäße Handhabung der §§ 15 Abs. 5 und 20 Abs. 3 gewährleistet. Deshalb muß er, auch wenn er nicht Antragsteller ist, in jedem Falle möglichst frühzeitig, und zwar schon vor der Veröffentlichung des Aufgebots, unterrichtet werden. Ferner muß er zur Wahrung des öffentlichen Interesses immer Gelegenheit haben, zu dem Ergebnis der vom Gericht angestellten Ermittlungen Stellung zu nehmen, damit er sich entschließen kann, ob er etwa dem Verfahren demnächst beitreten will. Die Anhörung des Antragstellers erscheint notwendig mit Rücksicht darauf, daß ein Aufgebotstermin nicht mehr zwingend vorgeschrieben ist.

§ 23

In dem Beschluß, durch den der Verschollene für tot erklärt wird, ist der Zeitpunkt seines Todes nach § 9 Abs. 2, 3 festzustellen.

§ 24

(1) Der Beschluß, durch den der Verschollene für tot erklärt wird, ist durch eine Tageszeitung öffentlich bekanntzumachen. § 20 Abs. 2 und 3 sind entsprechend anzuwenden[1]).

(2) Der Beschluß ist ferner dem Antragsteller und dem Staatsanwalt zuzustellen.

(3) Die erste öffentliche Bekanntmachung gilt als Zustellung, auch soweit dieses Gesetz daneben eine besondere Zustellung vorschreibt. Die Zustellung gilt als bewirkt, wenn der Beschluß nicht durch eine Tageszeitung öffentlich bekanntgemacht ist, mit Ablauf des vierzehnten Tages nach dem Tage, an dem der Beschluß an die Gerichtstafel angeheftet ist, im übrigen mit Ablauf des Tages, an dem der Beschluß in der Tageszeitung öffentlich bekanntgemacht ist[2]).

Britische Zone: Art. 8 der VO. zur Ergänzung des Ges. über die Verschollenheit usw. v. 16. 12. 1946:

§ 24 erhält folgenden Abs. 4:

(4) In den Fällen des § 7a erfolgt die öffentliche Bekanntmachung durch Anheftung des Beschlusses an die Gerichtstafel.

Aus der amtlichen Begründung des Gesetzes:

Nach § 26 Abs. 2 kann jeder, der an der Aufhebung der Todesklärung oder an der Berichtigung des Zeitpunktes des Todes ein rechtliches Interesse hat, gegen die Todeserklärung ein Rechtsmittel ergreifen. Deshalb muß dafür Sorge getragen werden, daß der sehr weit gezogene Kreis der Beschwerdeberechtigten, die ja an dem Verfahren bisher nicht beteiligt worden sind, die Möglichkeit erhält, von der ausgesprochenen Todeserklärung Kenntnis zu erlangen.

Dieser Notwendigkeit wird der § 24 Abs. 1 dadurch gerecht, daß er die öffentliche Bekanntmachung der Todeserklärung vorschreibt. Für die Form der Veröffentlichung gilt das gleiche wie bei der öffentlichen Bekanntmachung des Aufgebots. Abs. 3 sichert, daß der Beginn der Beschwerdefrist für alle Beteiligten gleich ist (vgl. dazu § 16 RFGG.).

---

[1]) Abs. 1 findet, was aus § 28 Abs. 2 folgt, auch dann Anwendung, wenn die Todeserklärung unter Abänderung der Vorentscheidung durch das Beschwerdegericht oder das Gericht der weiteren Beschwerde ausgesprochen wird. Dazu wird aber in den seltensten Fällen Gelegenheit sein, denn die Beschwerdegerichte werden in der Regel, wenn sie entgegen der Auffassung des Amtsgerichts die Todeserklärung für gerechtfertigt halten, die Sache zur anderweiten Entscheidung zurückverweisen müssen, denn Todeserklärungen sind Sache der Amtsgerichte, die Gerichte der Beschwerde und weiteren Beschwerde haben nur Kontrollfunktionen.

Wenn in der amtlichen Begründung zu § 28 (S. 44) und in den vorliegenden Erläuterungsbüchern, so insbesondere bei Schlegelberger-Vogels Anm. 4 zu § 24 ausgeführt wird, daß § 24 Abs. 1 auch dann Anwendung fände, wenn die höhere Instanz die in der unteren Instanz erlassene Todeserklärung durch Zurückweisung der Beschwerde sachlich bestätige und sie sich dadurch zu eigen mache, so geht das über das Ziel des § 24 hinaus. Ein Beschluß, der eine Beschwerde gegen eine Todeserklärung zurückweist, ist keine Todeserklärung. Es genügt, wenn der Beschluß dem oder den Antragstellern und dem Staatsanwalt zugestellt wird.

[2]) Von diesem Zeitpunkt an läuft auch die Beschwerdefrist des § 26. § 24 Abs. 3 schließt nicht aus, daß einem Beschwerdeberechtigten, der ohne sein Verschulden die Beschwerdefrist versäumt hat, weil er von der Anheftung an die Gerichtstafel nichts erfahren hat, auf Antrag die Wiedereinsetzung in den vorigen Stand gemäß § 22 FGG. erteilt wird, wenn die sonstigen Voraussetzungen dieser Vorschrift gegeben sind (KG. Berlin v. 10. 6. 48 — 1 W. 486/48 —). Dasselbe wird auch in dem Falle gelten müssen, in dem die Zustellung durch öffentliche Bekanntmachung in einer Tageszeitung als bewirkt gilt.

§ 25

Der Beschluß, durch den die Todeserklärung abgelehnt wird, ist dem Antragsteller und dem Staatsanwalt zuzustellen.

Aus der amtlichen Begründung des Gesetzes:

Da nach § 26 Abs. 2 gegen den die Todeserklärung ablehnenden Beschluß nur der Antragsteller beschwerdeberechtigt ist, erübrigt sich hier eine öffentliche Bekanntmachung der Ablehnung.

§ 26

(1) Gegen den Beschluß, durch den der Verschollene für tot erklärt wird, und gegen den Beschluß, durch den die Todeserklärung abgelehnt wird, ist die sofortige Beschwerde zulässig. Die Beschwerdefrist beträgt einen Monat.[1])[2])

(2) Die Beschwerde steht zu:

a) gegen den Beschluß, durch den der Verschollene für tot erklärt wird, dem Antragsteller[3]) und jedem, der an der Aufhebung der Todeserklärung oder an der Berichtigung des Zeitpunktes des Todes ein rechtliches Interesse hat;

b) gegen den Beschluß, durch den die Todeserklärung abgelehnt wird, dem Antragsteller.

Aus der amtlichen Begründung des Gesetzes:

Nach der Unterstellung des Todeserklärungsverfahrens unter die Grundsätze der freiwilligen Gerichtsbarkeit ist für eine Anfechtungsklage (vgl. §§ 957, 973 ff. ZPO.) kein Raum mehr. Bei der Bedeutung, welche die Todeserklärung hat, kann jedoch ein Rechtsmittel nicht entbehrt werden. Die Auswirkungen der Todeserklärung auf allen Rechtsgebieten erfordern ferner die genaue Feststellbarkeit des Zeitpunktes, in dem sie wirksam und unanfechtbar wird. Deshalb ist als Rechtsmittel die sofortige Beschwerde vorgesehen. Mit Rücksicht auf den weiten Kreis der Beschwerdeberechtigten ist jedoch die Beschwerdefrist, die nach § 22 RFGG. nur zwei Wochen beträgt, auf einen Monat erstreckt. Durch diese Ausdehnung der Beschwerdefrist nähert sich das Gesetz sachlich dem bisherigen Rechtszustand (§§ 958 Abs. 1 Satz 1, 976 Abs. 1 ZPO.). Wer also ein Interesse an der Aufhebung oder Berichtigung der Todeserklärung hat, kann sie nach dem Gesetz während der gleichen Frist anfechten, während der er sie nach dem bisherigen Recht hätte anfechten können. Abs. 2 grenzt den Kreis der Beschwerdeberechtigten in der gleichen Weise ab wie das bisherige Recht.

---

1) Die Beschwerdefrist gegen den Beschluß, der die Todeserklärung ausspricht, beginnt für die Beschwerdeberechtigten des Abs. 2a, und zwar auch für den Antragsteller und den Staatsanwalt, denen er gemäß § 24 Abs. 2 besonders zugestellt wird, mit dem in § 24 Abs. 3 bestimmten Zeitpunkt. Die Beschwerdefrist gegen den die Todeserklärung ablehnenden Beschluß beginnt für den beschwerdeberechtigten Antragsteller bzw. denjenigen, welcher gemäß § 17 in das Verfahren zur Einlegung eines Rechtsmittels eintritt und dadurch die rechliche Stellung eines Antragstellers erlangt, mit der Zustellung des Beschlusses an den Antragsteller.

Wiedereinsetzung in den vorigen Stand gegen unverschuldete Versäumung der Beschwerdefrist siehe § 22 Abs. 2 FGG. und Anm. 2 zu § 24.

Die sofortige Beschwerde kann bei dem Amtsgericht, das die Entscheidung getroffen hat, oder bei dem übergeordneten Landgericht eingelegt werden (§ 21 Abs. 1 FGG.). Form: Beschwerdeschrift oder Erklärung zu Protokoll der Geschäftsstelle eines der beiden Gerichte (§ 21 Abs. 2 FGG.). Kein Anwaltszwang. Die Beschwerde kann sich auf die Feststellung des Zeitpunktes des Todes beschränken.

2) Der Beschluß des Beschwerdegerichts ist von den Beschwerdeberechtigten des Abs. 2 mit der sofortigen weiteren Beschwerde anfechtbar. Diese kann bei dem ursprünglich mit der Sache befaßten Amtsgericht, dem Beschwerdegericht oder dem für die Entscheidung über die sofortige weitere Be-

schwerde berufenen Oberlandesgericht eingelegt werden. Frist: ein Monat, gerechnet von der Zustellung des Beschlusses des Beschwerdegerichts an den Beschwerdeführer. Form: Beschwerdeschrift, die aber von einem Rechtsanwalt unterzeichnet sein muß, es sei denn, daß die sofortige weitere Beschwerde vom Staatsanwalt eingelegt wird, oder Erklärung zu Protokoll der Geschäftsstelle eines der drei in Frage kommenden Gerichte (§ 29 FGG.). Die sofortige weitere Beschwerde kann aber nur auf Verletzung des Gesetzes, d. h. auf die Verletzung von Rechtsnormen, gestützt werden (§ 27 FGG.). Als Rechtsnormen in diesem Sinne haben auch allgemeine Erfahrungssätze und Gesetze der Logik zu gelten. Tatsächliche Feststellungen und Würdigungen des Beschwerdegerichts sind für das Gericht der weiteren Beschwerde bindend und demgemäß seiner Nachprüfung entzogen. Die sofortige weitere Beschwerde ist auch gegeben, wenn das Beschwerdegericht die Beschwerde ohne sachliche Prüfung als unzulässig verworfen hat. Sie steht dem abgewiesenen Beschwerdeführer zu.

[3]) Der Antragsteller kann also, auch wenn seinem Antrage voll entsprochen worden ist, die Beschwerde mit dem Antrage einlegen, die Todeserklärung rückgängig zu machen.

§ 27

Wird der Beschluß, durch den der Verschollene für tot erklärt wird, auf sofortige Beschwerde oder sofortige weitere Beschwerde aufgehoben und die Todeserklärung abgelehnt, so kann das Gericht anordnen, daß dieser Beschluß öffentlich bekanntgemacht werde; § 24 ist entsprechend anzuwenden[1]).

Aus der amtlichen Begründung des Gesetzes:

Mit Rücksicht auf den Kreis der Beschwerdeberechtigten bedarf die Ablehnung einer Todeserklärung keiner öffentlichen Bekanntmachung. Im Interesse der Rechtssicherheit erscheint es aber unter Umständen erforderlich, daß die Allgemeinheit, die über die Todeserklärung durch öffentliche Bekanntmachung unterrichtet ist, in der gleichen Form von deren Aufhebung in Kenntnis gesetzt wird.

---

[1]) Öffentliche Bekanntmachung durch eine Tageszeitung, eventuell auch daneben noch in anderer Form, insbesondere durch Rundfunk. Wegen § 20 Abs. 3, der in § 24 mit eingezogen ist, vergl. Anm. 2 zu § 20.

§ 28

(1) Beschlüsse, die auf sofortige weitere Beschwerde ergehen, sind dem Beschwerdeführer und dem Staatsanwalt zuzustellen, auch wenn sie nicht den in §§ 24 oder 25 bezeichneten Inhalt haben[1]).

(2) Bei Beschlüssen, die auf sofortige weitere Beschwerde ergehen, kann das Gericht von der Anwendung des § 24 Abs. 1 absehen, wenn die Todeserklärung bereits vom Amtsgericht oder vom Beschwerdegericht öffentlich bekanntgemacht worden war[2]).

Aus der amtlichen Begründung des Gesetzes:

Abs. 1 will sicherstellen, daß der Zeitpunkt, in dem eine Todeserklärung rechtskräftig wird, in jedem Falle einwandfrei festliegt. Wird die weitere Beschwerde gegen eine Todeserklärung als unzulässig verworfen, so wird diese rechtskräftig, sobald der Beschluß des Gerichts der weiteren Beschwerde wirksam wird. Die Wirksamkeit dieses Beschlusses tritt nach allgemeinen Grundsätzen (§ 16 RFGG.) mit seiner Bekanntmachung an die Betroffenen ein; dieser Zeitpunkt könnte aber nicht immer mit der hinreichenden Genauigkeit ermittelt werden, schon deshalb, weil die Bekanntmachung nach § 16 Abs. 2 RFGG. formlos ist. Diese unerwünschte Folge wird durch die Bestimmung ausgeräumt, daß alle Beschlüsse des Gerichts der weiteren Beschwerde — auch die Beschlüsse rein formellen Inhalts — zugestellt werden müsen und daß sie erst mit der letzten Zustellung wirksam werden (§ 28 Abs. 1 i. V. m. 29 Abs. 3).

Auch Beschlüsse, durch die eine Beschwerde gegen eine Todeserklärung aus sachlichen Gründen zurückgewiesen wird, stellen begrifflich Todeserklärungen dar. Sie müssen daher grundsätzlich nach § 24 Abs. 1 öffentlich bekanntgemacht werden. Dieser Grundsatz würde dazu führen, daß unter Umständen eine Todeserklärung dreimal (vom Amtsgericht, vom Landgericht und vom Oberlandesgericht) öffentlich bekanntgemacht werden müßte. Da aber der Beschluß des Oberlandesgerichts nicht mehr anfechtbar ist, entfällt der Hauptgrund, der für die Einführung des § 24 Abs. 1 maßgebend war. § 28 Abs. 2 ermöglicht daher dem Gericht der weiteren Beschwerde die Abstandnahme von der öffentlichen Bekanntmachung der Todeserklärung; die nach § 24 Abs. 2 vorgeschriebene Zustellung bleibt aber unberührt, so daß über den Zeitpunkt des Wirksamwerdens auch in diesem Falle kein Zweifel entstehen kann.

---

1) Betrifft Beschlüsse, durch die eine sofortige weitere Beschwerde als unzulässig verworfen wird.

2) Vgl. Anm. 1 zu § 24 u. Anm. 3 zu § 29.

§ 29

(1) Beschlüsse des Amtsgerichts, durch welche die Todeserklärung ausgesprochen wird, werden mit ihrer Rechtskraft wirksam[1]).

(2) § 26 Satz 2 des Reichsgesetzes über die Angelegenheiten der freiwilligen Gerichtsbarkeit ist nicht anwendbar[2]).

(3) Beschlüsse, die auf sofortige weitere Beschwerde ergehen, werden mit der letzten Zustellung wirksam; § 24 Abs. 3 bleibt unberührt[3]).

Aus der Begründung des Gesetzes:

Die Todeserklärung hat für zahlreiche Rechtsverhältnisse einschneidende Wirkungen, die, einmal eingetreten, nur schwer rückgängig gemacht werden können. Es mußte deshalb dafür Sorge getragen werden, daß diese Wirkungen erst eintreten, nachdem die Todeserklärung unanfechtbar (formell rechtskräftig) geworden ist. Aus diesem Grunde schließt Abs. 1 für Todeserklärungen, die vom Amtsgericht ausgesprochen werden, die Anwendbarkeit des § 16 Abs. 1 RFGG. aus.

Todeserklärungen durch das Landgericht werden schon nach § 26 Satz 1 RFGG. i. V. m. §§ 27 RFGG. und 26 dieses Gesetzes grundsätzlich erst mit ihrer Rechtskraft wirksam. Es mußte jedoch die Möglichkeit ausgeschlossen werden, daß das Landgericht nach § 26 S. 2 RFGG. die sofortige Wirksamkeit einer solchen Entscheidung anordnet.

Zu Abs. 3 vgl. die Begründung zu § 28 Abs. 1.

---

[1]) Nach der Regel des § 16 Abs. 1 FGG. würden Beschlüsse des Amtsgerichts, durch die eine Todeserklärung ausgesprochen wird, mit der Bekanntmachung an die Beteiligten wirksam werden. Abs. 1 verlangt jedoch zur Wirksamkeit Ablauf der Rechtsmittelfrist. Der Beschluß kann wieder unwirksam werden, wenn die sofortige Beschwerde nachträglich infolge Wiedereinsetzung in den vorigen Stand gemäß § 22 Abs. 2 FGG. zugelassen wird. Für Beschlüsse des Amtsgerichts, durch welche die Todeserklärung abgelehnt wird, bleibt es bei der Regel der sofortigen Wirksamkeit.

[2]) Abs. 2 setzt eine Entscheidung des Landgerichts voraus, die unter Abänderung eines die Todeserklärung ablehnenden amtsgerichtlichen Beschlusses diese unmittelbar ausspricht. Derartige Beschlüsse kommen praktisch kaum in Frage, weil das Landgericht, wenn es im Gegensatz zu dem Amtsgericht die Todeserklärung für begründet hält, die Sache an das Amtsgericht zurückverweisen wird. (§ 26 S. 2 FGG. gibt dem Beschwerdegericht die Möglichkeit, die sofortige Wirksamkeit seiner Entscheidung anzuordnen.)

[3]) Diese Beschlüsse werden, da ein weiteres Rechtsmittel nicht gegeben ist, sofort rechstkräftig, wirksam jedoch nach der Regel des § 16 Abs. 1 erst mit ihrer Bekanntgabe an die Beteiligten, d. h. mit der Zustellung. Die Heranziehung von § 24 Abs. 3 in § 29 Abs. 3, Halbs. 2, setzt voraus, daß der Beschluß des Gerichts der weiteren Beschwerde unter Abänderung der Vorentscheidungen die Todeserklärung ausspricht und regelt für diesen Fall den Zeitpunkt der Wirksamkeit. Praktisch wird aber auch das Gericht der weiteren Beschwerde, wenn es im Gegensatz zu den Vorentscheidungen die Todeserklärung für gerechtfertigt ansieht, unter Abänderung des Beschlusses des Landgerichts das Amtsgericht anweisen, die Todeserklärung auszusprechen (vgl. auch Anm. 1 zu § 24).

§ 30

(1) Hat der Verschollene die Todeserklärung überlebt[1]), so kann er oder der Staatsanwalt ihre Aufhebung beantragen.

(2) Der Antrag ist bei dem Amtsgericht zu stellen, bei dem das Aufgebotsverfahren anhängig gewesen ist oder an welches die Sache gemäß § 15 Abs. 4 oder 5 abgegeben worden ist.

Aus der Begründung des Gesetzes:

Während nach § 26 Abs. 2 Buchst. a der Beschluß, durch den der Verschollene für tot erklärt ist, von jedem angefochten werden kann, der ein rechtliches Interesse an der Aufhebung oder der Berichtigung der Todeserklärung hat, ermächtigt § 30 Abs. 1 zur Stellung eines Aufhebungsantrags gegenüber einer rechtskräftigen Todeserklärung nur den verschollen Gewesenen selbst und den Staatsanwalt. Denn regelmäßig hat nur jener ein Interesse an der allgemeinen Beseitigung der Todeserklärung, um nicht gezwungen zu sein, die Vermutung seines Todes in zahlreichen Fällen immer von neuem zu widerlegen. Das Interesse anderer Personen an der Beseitigung oder Berichtigung der Todeserklärung wird sich meist auf Einzelfälle beschränken. Für sie stellt es daher keine besondere Belastung dar, daß sie die durch die Todeserklärung begründete Vermutung widerlegen müssen. Sollten sie ausnahmsweise doch ein Interesse an der allgemeinen Beseitigung der Todeserklärung haben, so haben sie die Möglichkeit, den Staatsanwalt zur Stellung eines entsprechenden Antrags zu veranlassen, dessen Antragsrecht im übrigen für die gewiß seltenen Fälle eines Gemeininteresses vorgesehen ist.

Abs. 2 regelt die örtliche Zuständigkeit in der Weise, daß das Amtsgericht für den Aufhebungsantrag für zuständig erklärt wird, das in erster Instanz über den Antrag auf Todeserklärung entschieden hat. Diese Zuständigkeitsregelung erscheint zweckmäßig, weil dieses Gericht mit dem Sachverhalt am besten vertraut ist. Eine solche Vertrautheit ist besonders in Fällen erforderlich, in denen die Identität des sich Meldenden mit dem für tot Erklärten bezweifelt wird. Denn nach diesem Gesetz hat das Gericht der freiwilligen Gerichtsbarkeit auch über die Frage der Identität zu entscheiden. Eine Aussetzungsmöglichkeit, wie sie § 969 ZPO. vorsah, ist nicht mehr gegeben.

---

1) Der Verschollene muß den Zeitpunkt der Wirksamkeit des Todeserklärungsbeschlusses überlebt haben. Nicht erforderlich ist, daß er noch lebt. Ist er nach dem Zeitpunkt der Wirksamkeit des Todeserklärungsbeschlusses verstorben, so kann der Staatsanwalt die Aufhebung beantragen. Stellt sich nach dem Wirksamwerden der Todeserklärung heraus, daß der für tot Erklärte in einem anderen Zeitpunkt gestorben ist, als in dem Beschluß festgestellt ist, so findet § 30 keine Anwendung. Die Vermutung des § 9, daß der Verschollene in dem im Beschluß festgestellten Zeitpunkt verstorben ist, kann dann nötigenfalls, wenn es auf den Zeitpunkt ankommt, im konkreten Fall widerlegt werden. Kehrt der für tot Geglaubte während der Dauer des Todeserklärungsverfahrens wieder, so muß das Gericht, wenn es die Rückkehr erfährt, sie bei dem weiteren Verfahren von Amtswegen berücksichtigen; der Zurückgekehrte kann nötigenfalls auch selbständig gegen einen bereits ergangenen aber noch nicht rechtskräftigen Beschluß, der seine Todeserklärung ausspricht, ein Rechtsmittel einlegen.

§ 31

(1) Für das Verfahren gelten die §§ 17 und 18[1]).

(2) Vor der Entscheidung ist den Antragsberechtigten und dem, der die Todeserklärung erwirkt hat, Gelegenheit zur Äußerung zu geben.

---

[1]) Da antragsberechtigt nur der Verschollene und der Staatsanwalt sind, ist die entsprechende Anwendung des § 17 nur so zu verstehen, daß jeder von beiden dem von dem anderen veranlaßten Verfahren beitreten kann.

Glaubhaftmachung i. S. von § 18 bezieht sich nur darauf, daß der Verschollene die Todeserklärung überlebt hat. Dazu gehört auch, wenn der Verschollene selbst Antragsteller ist, Glaubhaftmachung seiner Identität.

§ 32

Der Beschluß, durch den die Todeserklärung aufgehoben wird, ist in der gleichen Form öffentlich bekanntzumachen, in der die Todeserklärung bekanntgemacht worden ist. § 20 Abs. 2 und 3 sind entsprechend anzuwenden.

(2) Der Beschluß, durch den die Aufhebung der Todeserklärung abgelehnt wird, ist dem Antragsteller und dem Staatsanwalt zuzustellen.

§ 33

(1) Gegen den Beschluß, durch den die Todeserklärung aufgehoben wird, findet kein Rechtsmittel statt.

(2) Gegen den Beschluß, durch den die Aufhebung der Todeserklärung abgelehnt wird, kann der Antragsteller die sofortige Beschwerde erheben[1]).

Aus der Begründung des Gesetzes:

Hat ein Gericht die Todeserklärung aufgehoben, so sind, selbst wenn die Richtigkeit dieses Beschlusses zweifelhaft sein sollte, doch auch gegen die Richtigkeit der Todeserklärung so starke Zweifel gegeben, daß ihr Beweiswert tatsächlich stark erschüttert ist. Aus diesem Grunde erscheint es geboten, gegen den Beschluß, durch den die Todeserklärung aufgehoben wird, kein Rechtsmittel zu geben. Stellt sich nachträglich ausnahmsweise heraus, daß die Aufhebung zu Unrecht erfolgt ist, etwa weil das Gericht einer Täuschung zum Opfer gefallen ist, so muß ein neues Todeserklärungsverfahren eingeleitet werden. Dagegen erscheint es notwendig, gegen einen die Aufhebung ablehnenden Beschluß die üblichen Rechtsmittel zu geben. Denn die Ablehnung wird meist auf einer Verneinung der Identität dessen, der sich als der Verschollene bezeichnet, mit dem für tot Erklärten beruhen. Diese unter Umständen sehr schwierige Frage darf aber der Prüfung durch mehrere Instanzen nicht entzogen weden..

---

1) Beschwerdefrist gemäß § 22 FGG. zwei Wochen. Gegen den Beschluß des Beschwerdegerichts, der den ablehnenden Beschluß des Amtsgerichts bestätigt, ist sofortige weitere Beschwerde innerhalb der gleichen Frist gegeben (§§ 27, 28, 29, 22 FGG.). Wegen der Form der Einlegung der sofortigen und der sofortigen weiteren Beschwerde, wegen der besonderen Voraussetzungen der sofortigen weitern Beschwerde vgl. Anm. zu § 26.

§ 34[1])

(1) Das Gericht kann in seiner Entscheidung einem am Verfahren Beteiligten oder vom Verfahren Betroffenen die Kosten des Verfahrens, einschließlich der zur zweckentsprechenden Durchführung des Verfahrens notwendigen außergerichtlichen Kosten anderer Beteiligter oder Betroffener, ganz oder teilweise auferlegen, die er durch grob fahrlässig aufgestellte unrichtige Behauptungen oder sonstiges grobes Verschulden veranlaßt hat. Vor dieser Entscheidung soll das Gericht, soweit tunlich, den hören, dem es die Kosten auferlegen will.

(2) Vorbehaltlich des Abs. 1 hat das Gericht in dem Beschluß, durch den der Verschollene für tot erklärt wird, auszusprechen, daß die Kosten des Verfahrens, einschließlich der notwendigen außergerichtlichen Kosten des Antragstellers oder Beschwerdeführers, dem Nachlaß zur Last fallen. Dies gilt nicht für die Kosten einer unbegründeten Beschwerde.

(3) Wird die Todeserklärung gemäß den §§ 30 bis 33 aufgehoben, so kann das Gericht nach Abs. 1 auch über die Kosten entscheiden, die nach Abs. 2 dem Nachlaß zur Last gelegt sind.

Aus der Begründung des Gesetzes:

Abs. 2 Satz 1 hält an dem bisherigen Grundlatz (§ 971 ZPO.) fest. Notwendig ist lediglich die Ergänzung durch Satz 2. Auch die Zurückweisung einer Beschwerde gegen die Todeserklärung aus sachlichen Gründen ist eine Todeserklärung. Es besteht aber keine Veranlassung, die Kosten dieses Beschlusses, der durch unbegründetes Vorbringen eines Interessenten notwendig geworden ist, dem Nachlaß aufzubürden.

Von dem im Abs. 2 ausgesprochenen Grundatz kann das Gericht im Einzelfall abweichen, wenn ein am Verfahren Beteiligter oder von ihm Betroffener durch grobes Verschulden besondere Kosten verursacht hat. Abs. 1 entspricht in seinem Grundgedanken dem Art. 9 Abs. 1 PrFGG.

Abs. 3 bringt eine dem Abs. 1 entsprechende Kostenregelung für das Aufhebungsverfahren.

---

1) Die Kosten des Verfahrens setzen sich zusammen aus den gerichtlichen und außergerichtlichen Kosten.

a) Gerichtliche Kosten sind die Gerichtsgebühren, welche das Gericht nach Maßgabe der RKO. erhebt (s. § 50 d. Ges. u. Anm. dazu) sowie die baren Auslagen des Gerichts, insbesondere die durch eine öffentliche Bekanntmachung entstandenen Kosten, aber auch etwaige Zeugen- und Sachverständigengebühren (§ 139 RKO.).

b) Außergerichtliche Kosten sind die Kosten, die einem an dem Verfahren Beteiligten (Antragsteller oder Beschwerdeführer) durch die Beteiligung an dem Verfahren entstehen. Es handelt sich hierbei z. B. um die Kosten der Beschaffung von Urkunden, die Inanspruchnahme eines Suchdienstes, die Kosten eigener Reisen zur Materialbeschaffung und insbesondere auch um die Gebühren und Auslagen eines von einem Beteiligten hinzugezogenen Rechtsanwalts.

Kostenentscheidungen gibt es in der freiwilligen Gerichtsbarkeit, zu der nach § 13 Abs. 1 auch das Aufgebotsverfahren des § 2 gehört, nur, soweit sie durch gesetzliche Bestimmung angeordnet oder zugelassen sind. Sie setzen in der Regel eine Mehrheit an dem Verfahren Beteiligter voraus und bezwecken aus bestimmten Gründen eine Abwälzung der Kosten von dem primär Verpflichteten auf einen anderen Beteiligten (vgl. § 9 PrFGG.).

Nach § 2 Ziff. 1 RKO ist auch im Aufgebotsverfahren, ohne daß es einer Kostenentscheidung bedarf, Schuldner der Gerichtskosten derjenige, auf dessen Antrag das Aufgebotsverfahren eingeleitet worden ist, ebenso ist Kostenschuldner im Beschwerdeverfahren derjenige, der Beschwerde erhoben hat, es sei denn, daß das Beschwerdeverfahren nach § 123 RKO. gebührenfrei ist.

Eine Kostenentscheidung, die hiervon abweichend die Pflicht zur Tragung der gerichtlichen und auch der außergerichtlichen Kosten regelt, ist im Aufgebotsverfahren nur in folgenden Fällen vorgesehen:

a) zwingend in Beschlüssen, durch die ein Verschollener für tot erklärt wird (Abs. 2 S. 1) — Kostenschuldner ist der Nachlaß des für tot Erklärten —,

b) als Kannvorschrift gemäß Abs. 1 bei allen Entscheidungen — die Kosten können einem Beteiligten auferlegt werden, der sie durch grobes Verschulden veranlaßt hat —,

c) als Kannvorschrift gemäß Abs. 3 bei Aufhebung einer Todeserklärung auf Antrag des Verschollenen selbst oder des Staatsanwalts.

Zu a) Abs. 2 S. 2 bezieht sich nicht etwa auf alle unbegründeten Beschwerden, sondern nur auf solche Entscheidungen, in denen die sofortige oder sofortige weitere Beschwerde gegen eine Todeserklärung als sachlich unbegründet zurückgewiesen wird. Da im Verschollenheitsegsetz (vgl. § 28 Abs. 2 und die amtliche Begründung dazu) eine Entscheidung des Beschwerdegerichts, welche eine Todeserklärung durch Zurückweisung der Beschwerde bestätigt, selbst als Todeserklärung angesehen wird, so müßten die Kosten der Beschwerde ohne die Vorschrift des Abs. 2 S. 2 ebenfalls dem Nachlaß auferlegt werden, was unbillig wäre. Es dürfte indes übertriebener Formalismus sein, Entscheidungen der Beschwerdegerichte, welche Beschwerden gegen Todeserklärungen zurückweisen, als Todeserklärungen anzusprechen. (Vgl. Anm. 1 zu § 24)

Zu b) Die Anwendung dieser Vorschrift setzt eine Mehrheit am Verfahren Beteiligter voraus, was nach § 17 möglich und praktisch oft genug der Fall ist, wenn Antragsberechtigte in das Verfahren eintreten, welche die Todeserklärung nicht für gerechtfertigt halten. Betroffener im Sinne von Abs. 1 kann nur der Verschollene selbst sein, dem z. B. die Kosten einschließlich der außergerichtlichen Kosten des Antragstellers auferlegt werden können, wenn sich herausstellt, daß er am Leben ist und es ihm als grobes Verschulden angerechnet werden muß, daß er es zu dem Aufgebotsverfahren hat kommen lassen. Im Aufhebungsverfahren gem. § 30 ist auch derjenige Betroffener, der sich — zu Unrecht — als der für tot Erklärte ausgibt.

Zu c) Hat der Verschollene die Todeserklärung überlebt, und wird sie deshalb auf seinen Antrag oder den des Staatsanwalts aufgehoben, so soll Abs. 3 dem über die Aufhebung befindenden Gericht die Möglichkeit geben, die dem Nachlaß auferlegten Kosten gemäß Abs. 1 einem Beteiligten aufzuerlegen. Die Kosten des Aufhebungsverfahrens trägt der Antragsteller.

§ 35

(1) Die Kosten, über die nach § 24 entschieden ist, werden auf Antrag von dem Urkundsbeamten der Geschäftsstelle des Gerichts erster Instanz festgesetzt[1]).

(2) Zur Berücksichigung eines Ansatzes genügt es, daß er glaubhaft gemacht wird.

(3) Über Erinnerungen gegen den Feststellungsbeschluß entscheidet das Gericht erster Instanz. Die Erinnerung ist binnen einer mit der Zustellung beginnenden Frist von zwei Wochen einzulegen. Die §§ 22 Abs. 2 und 24 Abs. 3 des Reichsgesetzes über die Angelegenheiten der freiwilligen Gerichtsbarkeit gelten entsprechend[2]).

---

1) Das Verfahren entspricht § 104 ZPO., der ergänzend angewandt werden kann.

2) § 22 Abs. 2: Wiedereinsetzung in den vorigen Stand bei Versäumung der Erinnerungsfrist; § 24 Abs. 3: Das Gericht kann vor der Entscheidung über die Erinnerung die Vollstreckung des Festsetzungsbeschlusses aussetzen.

§ 36

Die Entscheidungen des Gerichts über die Kosten nach §§ 34 oder 35 Abs. 3 können selbständig mit der sofortigen Beschwerde angefochten werden, sofern der Beschwerdegegenstand den Betrag von fünfzig Reichsmark[1]) übersteigt.

---

1) Jetzt Deutsche Mark.

§ 37

(1) Ergeht nach der Kostenfestsetzung eine Entscheidung, die den Wert des Gegenstandes des Verfahrens festsetzt[1]), so ist, falls diese Entscheidung von der Wertberechnung abweicht, die der Kostenfestsetzung zugrunde liegt, auf Antrag die Kostenfestsetzung entsprechend abzuändern; die §§ 35 und 36 sind entsprechend anzuwenden.

(2) Wird eine Entscheidung über die Kosten abgeändert, so ist auf Antrag auszusprechen, daß die auf Grund der abgeänderten Entscheidung zuviel gezahlten Kosten zu erstatten sind.

---

[1]) Wert des Gegenstandes des Verfahrens = Geschäftswert nach Maßgabe von § 50 u. Anm. dazu. § 37 ist also von Bedeutung, wenn der Geschäftswert nachträglich gemäß §§ 25, 13 Abs. 3 u. 4 RKO. anderweitig festgesetzt wird.

§ 38

Aus Kostenfestsetzungsbeschlüssen und aus Entscheidungen gemäß § 37 Abs. 2 findet die Zwangsvollstreckung nach den Vorschriften der Zivilprozeßordnung statt[1])

---

[1]) Ist gemäß § 34 Abs. 2 in dem Beschluß, der eine Todeserklärung enthält, ausgesprochen, daß die Kosten des Verfahrens dem Nachlaß zur Last fallen, muß zur Zwangsvollstreckung in den Nachlaß die Vollstreckungsklausel gegen die Erben erteilt werden (§§ 727 ff ZPO.).

Abschnitt IV

Verfahren bei Feststellung der Todeszeit

Aus der Begründung des Gesetzes:

In den schon erwähnten Fällen, in denen der Tod eines Menschen als nicht zweifelhaft zu erachten ist und er deshalb nicht für tot erklärt werden darf, in denen aber auch keine Eintragung im Sterbebuch erreicht werden kann, weil die Leiche nicht gefunden oder nicht erkannt ist, kann die Notwendigkeit nicht verkannt werden, ein allgemein verwendbares Beweismittel über den Zeitpunkt des Todes zu schaffen. Zu diesem Zwecke sieht das Gesetz ein neuartiges Verfahren zur Feststellung des Todes und der Todeszeit vor, das in den §§ 39 bis 44 geregelt ist und dessen Aufgaben denen des im Oesterreichischen Recht seit langem bekannten Verfahrens zur Beweisführung des Todes stark ähneln.

Das Verfahren ist in seiner Ausgestaltung dem Todeserklärungsverfahren weitgehend angeglichen. Dabei war aber zu berücksichtigen, daß dies Verfahren nur dann angewandt werden kann, wenn das Gericht vor seiner Einleitung von dem Todes des Vermißten bereits überzeugt ist. Deshalb ist das Gericht in der Bestimmung des Umfangs der vorzunehmenden Ermittlungen noch freier gestellt. Insbesondere soll es von einem Aufgebot ganz absehen können, wenn dadurch eine weitere Aufklärung des Sachverhalts nicht zu erwarten ist (§ 43 Abs. 2). Ferner kommt eine entsprechende Anwendung der Vorschriften über die Aufhebung der Todeserklärung (§§ 30 bis 34) nicht in Betracht, weil vor der Einleitung dieses Verfahrens alle vernünftigen Zweifel an dem Tode ausgeschlossen sein müssen.

Den Abschluß des Verfahrens bildet die gerichtliche Feststellung, daß der betreffende Mensch an einem bestimmten Zeitpunkte gestorben sei. Wie aber die durch die Todeserklärung begründete Todesvermutung jederzeit durch den Beweis der Unrichtigkeit entkräftet werden kann und sogar gegenüber der Eintragung im Sterbebuch der Nachweis der Unrichtigkeit der beurkundeten Tatsachen zulässig ist, darf auch die gerichtliche Feststellung der Todeszeit keinen unwiderlegbaren Beweis begründen, dies um so mehr, als das Verfahren häufig Fälle betreffen wird, in denen jede sichere Nachricht über den Zeitpunkt des Todes fehlt, in denen also nach Abschluß des Verfahrens noch die Möglichkeit besteht, daß Tatsachen bekannt werden, welche die sachliche Unrichtigkeit der getroffenen Feststellung über die Todeszeit dartun.

Der Zeitpunkt des Todes kann in diesem Verfahren nur nach denselben Grundsätzen festgestellt werden wie bei der Todeserklärung. Das Gericht muß also ermitteln, welcher Zeitpunkt der wahrscheinlichste ist (§ 9 Abs. 2, § 44 Abs. 1). Nur wenn keinerlei Anhaltspunkte vorhanden sind, hat das Gericht nach den Regeln des § 9 Abs. 3 zu verfahren.

Ist der Tod eines Menschen nicht bereits bei Gericht offenkundig, so muß der Antragsteller vor der Einleitung des Verfahrens dem Gericht die Überzeugung davon vermitteln, daß der Tod nach den Umständen nicht zweifelhaft ist (§ 41 Abs. 1); kann er diesen Beweis mit den ihm zu Gebote stehenden Beweismitteln nicht erbringen, so muß der verschwundene Mensch vom Standpunkte des Gerichts aus noch als verschollen angesehen werden. Es bestehen daher in diesem Falle keine Bedenken gegen die Einleitung eines Todeserklärungsverfahrens. Ergeben die im Verlaufe eines solchen Verfahrens angestellten Ermittlungen jedoch, daß an dem Tode dennoch keine Zweifel bestehen können, so müßte an sich die Todeserklärung abgelehnt und der Antragsteller auf den Weg eines neuen Verfahrens nach den §§ 39 ff. verwiesen werden. Dieses Ergebnis ist aber für den Antragsteller unbillig, insbesondere weil es ihn mit unnötigen Kosten belasten würde, und erschwert auch den Geschäftsgang des Gerichts, zumal ein erheblicher Teil der in dem Todeserklärungsverfahren angestellten Ermittlungen in dem Feststellungsverfahren wiederholt werden müßten. Um diese Folge zu vermeiden, schreibt der § 45 Abs. 1 vor, daß ein Todeserklärungsverfahren ohne neuen Antrag als Feststellungsverfahren nach den §§ 39 ff. fortzusetzen ist, wenn das Gericht im Laufe des Todeserklärungsverfahrens die Ueberzeugung erlangt, daß der Tod nicht zweifelhaft ist. Ergänzend ist in den §§ 49 und 51 bestimmt, daß in einem solchen Fall für die Gerichtsgebühren und die Anwaltskosten das Todeserklärungs- und das Feststellungsverfahren als ein einheitliches Verfahren zu behandeln ist.

§ 39

Ist die Todeserklärung mit Rücksicht auf § 1 Abs. 2 unzulässig[1]), eine Eintragung im Sterbebuch aber nicht erfolgt[2]), so kann beantragt werden, den Tod[3]) und den Zeitpunkt des Todes durch gerichtliche Entscheidung festzustellen[4]).

---

[1]) also weil der Tod des betreffenden Menschen nach den Umständen nicht zweifelhaft ist

[2]) weil die Leiche nicht aufgefunden oder nicht zu identifizieren ist.

[3]) Die Feststellung des Todes hat in diesem Falle anders als die „Todeserklärung" des § 2 keine konstitutive Wirkung.

[4]) Hat der Verschollene die Todeserklärung überlebt, ist er aber später verstorben, ohne daß eine Eintragung im Sterbebuch erfolgen kann, so muß, wenn erforderlich, zunächst die Aufhebung der Todeserklärung nach § 30 beantragt werden. Erst wenn die Todeserklärung aufgehoben ist, kann der Antrag gemäß § 39 gestellt werden. Stellt sich im Laufe eines Aufgebotsverfahrens gemäß § 2 heraus, daß der Tod des Verschollenen den Umständen nach nicht zweifelhaft ist, so gilt § 45.

§ 40

Auf das Verfahren sind die §§ 13 Abs. 1, 14 bis 17, 22, 24 bis 29, 34 Abs. 1, 2 und §§ 35 bis 38 entsprechend anzuwenden; im übrigen gelten dafür die besonderen Vorschriften der §§ 41 bis 44[1]).

---

[1]) Aus der Anziehung der genannten Vorschriften ergibt sich: § 13 Abs. 1 Auch dieses Verfahren ist Angelegenheit der freiwilligen Gerichtsbarkeit. Es gelten im übrigen die gleichen Vorschriften wie im Todeserklärungsverfahren für die sachliche und örtliche Zuständigkeit des Gerichts (§§ 14, 15), die Befugnis zur Antragstellung (§§ 16, 17), die Beteiligung des Staatsanwalts und des Antragstellers (§ 22), für den Beschluß, seine Bekanntmachung und die Rechtsmittel (§§ 24—29), für die Kostentragung (§ 34 Abs. 1 u. 2) und die Kostenfestsetzung (§§ 35 bis 38).

§ 41

(1) Vor der Einleitung des Verfahrens hat der Antragsteller nachzuweisen[1]), daß der Tod nach den Umständen nicht zweifelhaft ist, sofern dies nicht offenkundig ist.

(2) Die übrigen zur Begründung des Antrags erforderlichen Tatsachen[2]) hat der Antragsteller glaubhaft zu machen.

---

[1]) Nachweis ist mehr als nur Glaubhaftmachung. Glaubhaftmachung genügt, um ein Aufgebotsverfahren gemäß § 18 in Gang zu setzen, durch das die Ungewißheit beseitigt werden soll. Nachweis setzt Gewißheit voraus, die ein förmliches Aufgebotsverfahren erübrigt.

[2]) Insbesondere die Antragsberechtigung.

§ 42

(1) Ist der Antrag zulässig, so soll das Gericht eine öffentliche Aufforderung an alle, die über den Zeitpunkt des Todes Angaben machen können, erlassen, dies dem Gericht bis zu einem bestimmten Zeitpunkt anzuzeigen.

(2) Von der öffentlichen Aufforderung kann das Gericht absehen, wenn dadurch nach den Umständen eine weitere Aufklärung des Sachverhalts nicht erwartet werden kann.

§ 43

(1) Das Gericht bestimmt nach freiem Ermessen die Form, in der die öffentliche Aufforderung bekanntgemacht werden soll[1]), und die Frist, innerhalb deren die Anzeige zu machen ist.

(2) Diese Frist soll nicht weniger als sehs Wochen und, wenn nicht besondere Gründe vorliegen, nicht mehr als sechs Monate betragen. Sie beginnt mit Ablauf des Tages, an dem die Aufforderung zum ersten Male öffentlich bekanntgemacht ist.

(3) Ist die Aufforderung öffentlich bekanntgemacht, so kann die Frist nicht mehr abgekürzt werden.

---

[1]) Durch Presse, Rundfunk oder durch Aushang an der Gerichtstafel.

§ 44[1])

(1) Der Zeitpunkt des Todes ist den Grundsätzen des § 9 Abs. 2, 3 entsprechend festzustellen.

(2) Der Beschluß begründet die Vermutung, daß der Tod in dem darin festgestellten Zeitpunkt eingetreten ist. § 9 Abs. 4 gilt ententsprechend.

---

[1]) Zeitpunkt des Todes ist also der nach dem Ergebnis der Ermittlungen wahrscheinlichste oder, wenn sich ein solcher Zeitpunkt nicht angeben läßt, der nach § 9 Abs. 3 errechnete Zeitpunkt mit der Maßgabe, daß, wenn der Zeitpunkt nur dem Tage nach festgestellt ist, das Ende des Tages als Zeitpunkt des Todes gilt.

§ 45

(1) Ergeben die Ermittlungen, die in einem nach § 2 eingeleiteten Aufgebotsverfahren angestellt sind, daß der Tod nach den Umständen nicht zweifelhaft ist, so ist das Verfahren nach den §§ 39 bis 44 fortzusetzen.

(2) Der Antrag auf Todeserklärung gilt in diesem Falle als Antrag auf Feststellung des Zeitpunktes des Todes. § 41 ist nicht anzuwenden[1]).

---

[1]) Es entstehen also auch keine besonderen Kosten. Wegen der Gebühren eines Rechtsanwalts, der einen Beteiligten vertritt, vgl. § 52 S. 3.

Abschnitt V

Inkrafttreten, Übergangs- und Schlußvorschriften für das Reichsgebiet

außer der Ostmark und dem Reichsgau Sudetenland

§ 46

(1) Dieses Gesetz tritt, vorbehaltlich der §§ 55 bis 58, am 15. Juli 1939 in Kraft[1]).

(2) Vom gleichen Zeitpunkt ab werden aufgehoben:

a) die §§ 13 bis 20 des Bürgerlichen Gesetzbuchs;

b) der Artikel 9 des Einführungsgesetzes zum Bürgerlichen Gesetzbuch;

c) die §§ 960 bis 976 der Zivilprozeßordnung;

d) die Verordnung über die Todeserklärung Kriegsverschollener vom 18. April 1916 (Reichsgesetzbl. S. 296) in der Fassung der Bekanntmachung vom 9. August 1917 (Reichsgesetzbl. S. 703) und des Gesetzes vom 20. Februar 1925 (Reichsgesetzbl. I S. 15).

(3) Soweit in anderen Gesetzen auf die durch dieses Gesetz aufgehobenen Vorschriften verwiesen ist, treten die entsprechenden Vorschriften dieses Gesetzes an ihre Stelle.

---

[1]) Ueberleitung der damals schwebenden Verfahren s. § 48.

§ 47[1])

. . . .

---

[1]) § 47 hatte den Kreis der deutschen Staatsangehörigen, auf die dies Gesetz gemäß seinem § 12 Anwendung finden sollte, auf ehemalige österreichische, tschechoslowakische und memelländische Staatsangehörige erweitert. Die Vorschrift ist gegenstandslos geworden.

§ 48[1])

(1) Für Verfahren zum Zwecke der Todeserklärung, die nach den Vorschriften der Zivilprozeßordnung eingeleitet sind, gilt folgendes:

a) Die Vorschriften dieses Gesetzes sind vom Tage seines Inkrafttretens ab auf anhängige Aufgebotsverfahren anzuwenden. Ist das Aufgebot bereits gemäß den bisherigen Bestimmungen bekanntgemacht, so kann das Gericht ein weiteres Aufgebot nach den Vorschriften dieses Gesetzes erlassen.

b) Die Anfechtung von Ausschlußurteilen richtet sich nach den bisherigen Bestimmungen.

c) Ist die Anfechtungsklage nach § 973 der Zivilprozeßordnung nicht mehr zulässig, so kann das Ausschlußurteil gemäß den §§ 30 bis 33 dieses Gesetzes aufgehoben werden.

d) Ist eine Anfechtungsklage nach § 957 der Zivilprozeßordnung anhängig, so ist das Verfahren über sie bis zur Erledigung eines Aufhebungsverfahrens nach den §§ 30 bis 33 dieses Gesetzes auszusetzen.

(2) .....

---

[1]) Übergangsvorschriften verfahrensrechtlicher Art, die bis auf etwaige Fälle zu c) durch Zeitablauf überholt sind. Abs. 2, der nicht mit abgedruckt ist, betraf die Überleitung von Verfahren, die nach den Vorschriften des österreichischen Gesetzes betr. das Verfahren zum Zwecke der Todeserklärung und der Beweisführung des Todes vom 16. 2. 1883 eingeleitet waren.

§ 49

(1) Ist der Eintritt einer Rechtswirkung an die Erlassung des die Todeserklärung aussprechenden Urteils geknüpft, so tritt sie ein,

a) wenn ein Verschollener nach diesem Gesetz für tot erklärt wird, mit dem Zeitpunkt, in dem die Todeserklärung wirksam wird[1]);

b) ...

(2) Der Aufhebung einer Todeserklärung infolge einer Anfechtungsklage steht deren Aufhebung nach den §§ 30 bis 33 dieses Gesetzes gleich[2]).

---

[1]) Zu Abs. 1: Es kommen aus dem BGB. nur die Vorschriften der §§ 1884 Abs. 2, 1921 Abs. 3, 1585 Abs. 2 in Frage (Beendigung der Vormundschaft, Abwesenheitspflegschaft, des Amtes des Vormundes). Im übrigen können auch Verträge in Frage kommen, in denen an die Todeserklärung einer Vertragspartei oder eines Dritten Rechtswirkungen geknüpft sind, z. B. Versicherungsverträge.

[2]) Zu Abs. 2: Vgl. § 2370 BGB.

§ 50

In die Kostenordnung vom 25. November 1935 (Reichsgesetzbl. I S. 1371) wird als § 118a folgende Vorschrift eingefügt:

„§ 118a

Todeserklärung und Feststellung der Todeszeit

(1) Das Doppelte der vollen Gebühr wird erhoben für

a) die Todeserklärung,
b) die Feststellung der Todeszeit,
c) die Aufhebung der Todeserklärung einschließlich des vorangegangenen Verfahrens.

(2) Wird ein Aufgebotsverfahren in ein Verfahren zur Feststellung der Todeszeit übergeleitet, so ist es für die Gebührenberechnung als ein einheitliches Verfahren zu behandeln.

(3) Der Geschäftswert bestimmt sich nach § 24 Abs. 2."[1])

---

[1]) d. h., er ist vom Gericht nach freiem Ermessen zu bestimmen, in Ermangelung genügender tatsächlicher Anhaltspunkte für eine Schätzung regelmäßig auf 3 000.— DM, ausnahmsweise niedriger oder höher. Mindestbetrag 200.—, Höchstbetrag eine Million DM. Bei dem Regelwert von 3 000.— DM werden also 32.— DM Gerichtsgebühren erhoben. Dazu kommen die baren Auslagen der Gerichtskasse. Nach § 3 der VO. v. 4. 10. 1939 (RGBl. I S. 1994) werden im Falle des § 4 des Verschollenheitsgesetzes für die Todeserklärung und die Feststellung der Todeszeit Gerichtsgebühren nicht erhoben. Auslagen insbes. Bekanntmachungskosten sollen niedergeschlagen werden (Vfg. d. Reichsjustizministers v. 25. 10. 1941, Dtsch. Justiz S. 1023). Gebührenfrei ist auch die Aufhebung der auf § 4 beruhenden Todeserklärung. Die gleichen Vergünstigungen sind zu gewähren, wenn jemand, abgesehen von den Fällen des § 4 des Verschollenheitsgesetzes, infolge von Kriegsereignissen, insbesondere bei einem Luftangriff, verschollen ist. Die Amtsgerichte sind ermächtigt, die Gerichtskosten in diesen Fällen auf Grund des § 2 der VO. v. 20. 3. 1935 (RGBl. S. 403) zu erlassen. (RJM. v. 25. 2. 1944, Dtsch. Justiz S. 106.)

Das gleiche wird aber auch zu gelten haben, wenn die Verschollenheit mit einer Verschleppung aus politischen, rassischen oder religiösen Gründen zusammenhängt (so die Praxis der Berliner Gerichte).

Beschwerde gegen die Festsetzung des Geschäftswerts gemäß §§ 25 Abs. 3, 13 Abs. 3 u. 4 RKO, s. auch § 37 u. Anm. dazu.

§ 51[1])

Geht ein beim Inkrafttreten dieses Gesetzes anhängiges Aufgebotsverfahren nach § 48 Abs. 1a in ein Verfahren nach den Vorschriften dieses Gesetzes über, so bestimmen sich die Kosten ausschließlich nach der Kostenordnung.

---

[1]) Uebergangsvorschrift, die keine praktische Bedeutung mehr hat.

§ 52

Auf die Rechtsanwaltskosten finden bis auf weiteres die in bürgerlichen Rechtsstreitigkeiten geltenden Vorschriften der Gebühren-

ordnung für Rechtsanwälte entsprechende Anwendung. Für die Vertretung eines Beteiligten in einem unter dieses Gesetz fallenden Verfahren erhält der Rechtsanwalt die für die Vertretung in einem Aufgebotsverfahren bestimmten Gebühren[1]). Wird ein Aufgebotsverfahren in ein Verfahren zur Feststellung der Todeszeit übergeleitet, so ist es für die Gebührenerhebung als ein einheitliches Verfahren zu behandeln.

---

[1]) Vgl. § 40 Gebührenordnung für Rechtsanwälte, $^{3}/_{10}$ Gebühr als Prozeßgebühr, $^{3}/_{10}$ für den Antrag auf Einleitung des Aufgebotsverfahrens nach Maßgabe des vom Gericht festgesetzten Geschäftswerts (§ 50), ebenso in den Fällen des § 39.

§ 53[1])

(1) Das Gesetz über die Konsulargerichtsbarkeit vom 7. April 1900 (Reichsgesetzbl. S. 213) wird durch die Vorschriften dieses Gesetzes nicht berührt; jedoch ist § 48 des Gesetzes über die Konsulargerichtsbarkeit in den Verfahren, die in diesem Gesetz geregelt sind, nicht anzuwenden.

(2) Soll unter den Voraussetzungen des § 15 Abs. 5 dieses Gesetzes die Zuständigkeit eines Konsuls begründet oder aufgehoben werden, so entscheidet der Reichsminister der Justiz im Einvernehmen mit dem Reichsminister des Auswärtigen.

(3) Für Beschlüsse des Reichsgerichts, die auf sofortige Beschwerde gegen die Beschlüsse eines Konsuls in einem durch dieses Gesetz geregelten Verfahren ergehen, gelten § 28 Abs. 1 und § 29 Abs. 2, 3 dieses Gesetzes.

---

[1]) Z. Zt. bedeutungslos, da Auslandsvertretungen nicht mehr bestehen.

§ 54

Der Reichsminister der Justiz[1]) erläßt die zur Durchführung und Ergänzung dieses Gesetzes erforderlichen Rechts- und Verwaltungsvorschriften.

---

[1]) Die Befugnisse des Reichsministers der Justiz werden jetzt den Justizverwaltungen der Länder zuerkannt werden müssen, sofern sie nicht von der Militärregierung wahrgenommen werden.

Abschnitt VI, §§ 55—58 enthält Übergangs- und Schlußvorschriften für die Ostmark und den Reichsgau Sudenland und ist überholt. Eine Wiedergabe dieser Vorschriften erübrigt sich.

Anhang

(§§ 13—20 BGB.)

§ 13. Wer verschollen ist, kann nach Maßgabe der §§ 14 bis 17 im Wege des Aufgebotsverfahrens für tot erklärt werden.

§ 14. Die Todeserklärung ist zulässig, wenn seit 10 Jahren keine Nachricht von dem Leben des Verschollenen eingegangen ist. Sie darf nicht vor dem Schlusse des Jahres erfolgen, in welchem der Verschollene das einunddreißigste Lebensjahr vollendet haben würde.

Ein Verschollener, der das siebzigste Lebensjahr vollendet haben würde, kann für tot erklärt werden, wenn seit fünf Jahren keine Nachricht von seinem Leben eingegangen ist.

Der Zeitraum von zehn oder fünf Jahren beginnt mit dem Schlusse des letzten Jahres, in welchem der Verschollene den vorhandenen Nachrichten zufolge noch gelebt hat.

§ 15. Wer als Angehöriger einer bewaffneten Macht an einem Kriege teilgenommen hat, während des Krieges vermißt worden und seitdem verschollen ist, kann für tot erklärt werden, wenn seit dem Friedensschlusse drei Jahre verstrichen sind. Hat ein Friedensschluß nicht stattgefunden, so beginnt der dreijährige Zeitraum mit dem Schlusse des Jahres, in welchem der Krieg beendigt worden ist.

Als Angehöriger einer bewaffneten Macht gilt auch derjenige, welcher sich in einem Amts- oder Dienstverhältnis oder zum Zwecke freiwilliger Hilfeleistung bei der bewaffneten Macht befindet.

§ 16. Wer sich bei einer Seefahrt auf einem während der Fahrt untergegangenen Fahrzeuge befunden hat und seit dem Untergange des Fahrzeugs verschollen ist, kann für tot erklärt werden, wenn seit dem Untergang ein Jahr verstrichen ist.

Der Untergang des Fahrzeugs wird vermutet, wenn es an dem Orte seiner Bestimmung nicht eingetroffen oder in Ermangelung eines festen Reiseziels nicht zurückgekehrt ist und wenn

bei Fahrten innerhalb der Ostsee ein Jahr,
bei Fahrten innerhalb anderer europäischer Meere, mit Einschluß sämtlicher Teile des Mittelländischen, Schwarzen und Azowschen Meeres, zwei Jahre,

bei Fahrten, die über außereuropäische Meere führen, drei Jahre

seit dem Antritte der Reise verstrichen sind. Sind Nachrichten über das Fahrzeug eingegangen, so ist der Ablauf des Zeitraums erforderlich, der verstrichen sein müßte, wenn das Fahrzeug von dem Orte abgegangen wäre, an dem es sich den Nachrichten zufolge zuletzt befunden hat.

§ 17. Wer unter anderen als den in den §§ 15, 16 bezeichneten Umständen in eine Lebensgefahr geraten und seitdem verschollen ist, kann für tot erklärt werden, wenn seit dem Ereignisse, durch welches die Lebensgefahr entstanden ist, drei Jahre verstrichen sind.

§ 18. Die Todeserklärung begründet die Vermutung, daß der Verschollene in dem Zeitpunkte gestorben sei, welcher in dem die Todeserklärung aussprechenden Urteile festgestellt ist.

Als Zeitpunkt des Todes ist, sofern nicht die Ermittlungen ein anderes ergeben, anzunehmen:

in den Fällen des § 14 der Zeitpunkt, in welchem die Todeserklärung zulässig geworden ist;

in den Fällen des § 15 der Zeitpunkt des Friedensschlusses oder der Schluß des Jahres, in welchem der Krieg beendigt worden ist;

in den Fällen des § 16 der Zeitpunkt, in welchem das Fahrzeug untergegangen ist oder von welchem an der Untergang vermutet wird;

in den Fällen des § 17 der Zeitpunkt, in welchem das Ereignis stattgefunden hat.

Ist die Todeszeit nur dem Tage nach festgestellt, so gilt das Ende des Tages als Zeitpunkt des Todes.

§ 19. Solange nicht die Todeserklärung erfolgt ist, wird das Fortleben des Verschollenen bis zu dem Zeitpunkt vermutet, der nach § 18 Abs. 2 in Ermangelung eines anderen Ergebnisses der Ermittlungen als Zeitpunkt des Todes anzunehmen ist; die Vorschrift des § 18 Abs. 3 findet entsprechende Anwendung.

§ 20. Sind mehrere in einer gemeinsamen Gefahr umgekommen, so wird vermutet, daß sie gleichzeitig gestorben seien.

Sachverzeichnis

Die Zahlen bedeuten die Seiten

FSC
www.fsc.org
MIX
Papier | Fördert gute Waldnutzung
FSC® C083411

Kolibri 360 GmbH
Ferdinand-Jühlke-Straße 7
99095 Erfurt, Deutschland
produktsicherheit@kolibri360.de